锻炼脑力思维游戏

火柴天地

编著：王维浩

吉林科学技术出版社

前 言

玩，是少年儿童的天性。为了让少年儿童玩出乐趣，玩出新奇，玩出品位，玩出智慧，越玩越聪明，我们推出了“锻炼脑力思维游戏”系列图书。该系列图书共分八册，每册均以不同的内容为主题，编创了有趣的、异想天开的智力游戏题。游戏是伴随孩子成长的好伙伴，孩子会在游戏中开发大脑，收获知识。

本册《火柴天地》以多种形式展现火柴游戏的丰富性。小小的火柴不但能组合成各种图案，还可以变换成英文字母、汉字还有数学题等等。无穷的变换不但丰富了孩子们的想象力，更锻炼了孩子们的逻辑思维能力，使孩子们脑洞大开。

“锻炼脑力思维游戏”系列图书，图文并茂，集知识性、娱乐性和可操作性于一体。既能把课堂上学到的知识运用到游戏当中，又能使课堂上学到的知识得到相应的延展；既为孩子们开启了玩兴不尽的趣味乐园，又送上了回味无穷的益智美餐。

问题

小鱼掉头

调皮的小鱼独自出门游玩，听到妈妈的呼叫，它赶快掉头向家里游去。图中是用火柴摆成的一条金鱼，你能只移动3根火柴就让小金鱼掉过头来吗？

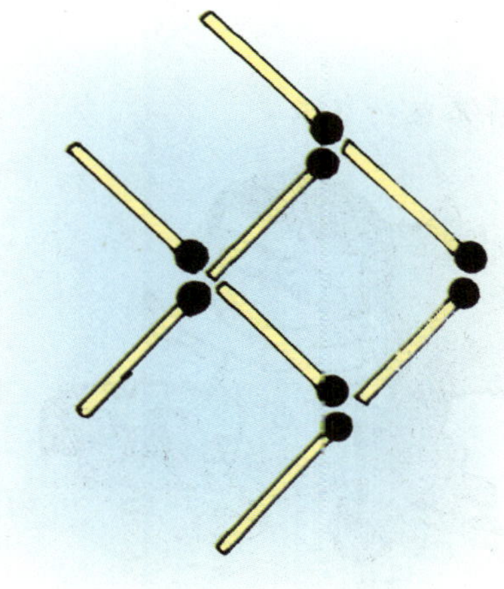

问题

向后看

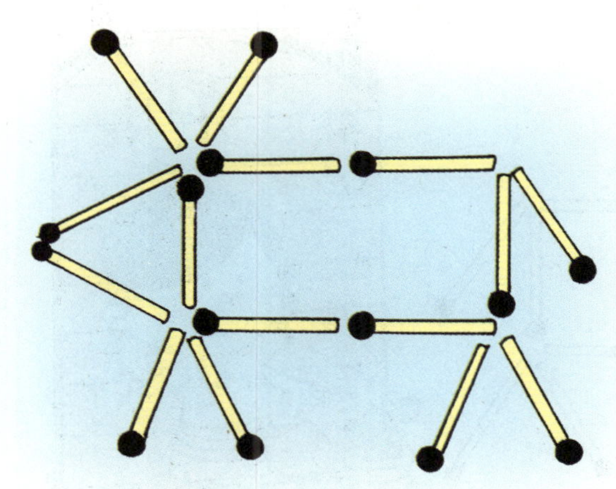

这头小牛还在行走时，听到妈妈的呼唤，他停下脚步，扭过头来，想看看妈妈。请你移动两根火柴，让这头小牛向后看。

答案

这样不就行了嘛！

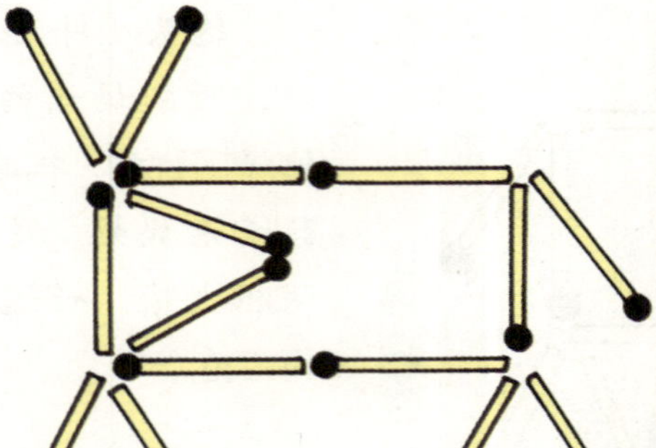

问题

猪宝宝睡觉

天渐渐黑了，猪宝宝也该睡觉了。请你只移动两根火柴，让小猪变成睡觉的姿势。

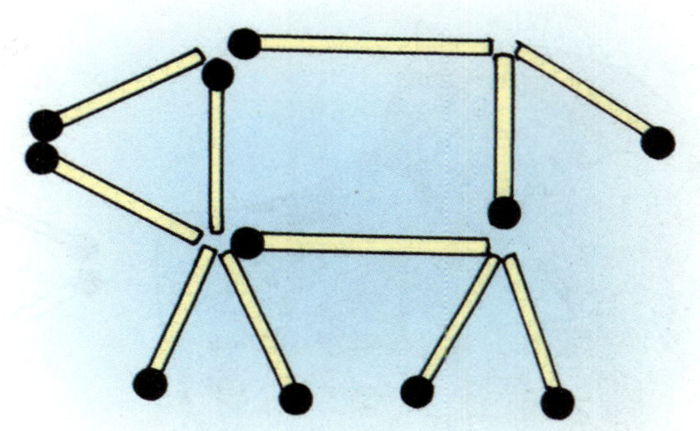

问题

小鸟掉头

这是用10根火柴摆的头朝下的小鸟，你能只移动3根火柴，使小鸟的头朝上吗？

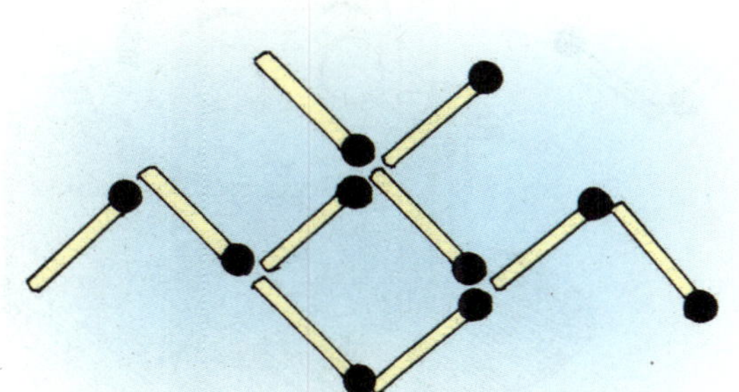

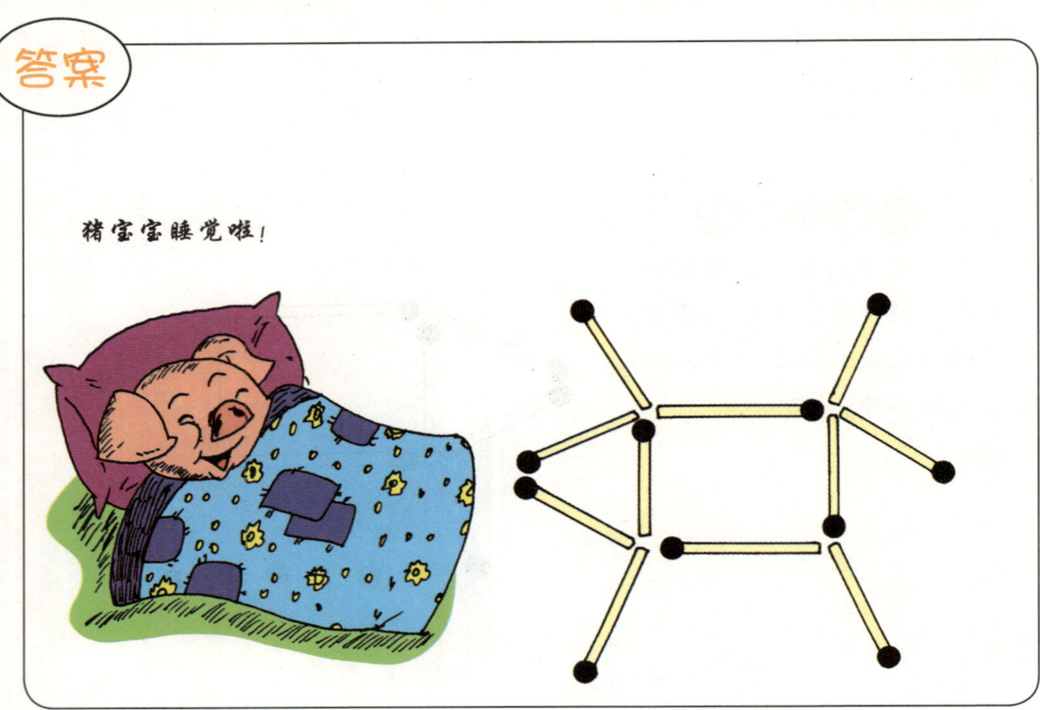
答案
猪宝宝睡觉啦！

答案
小鸟掉头啦！

问题

小铁铲

劳动了一整天，想找把椅子坐下来休息一下，可空旷的工地上只有这把铁铲。你能只移动两根火柴把铁铲变成椅子吗？

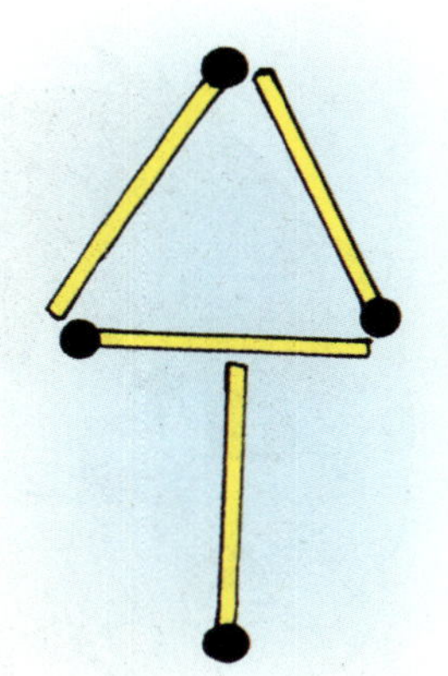

问题

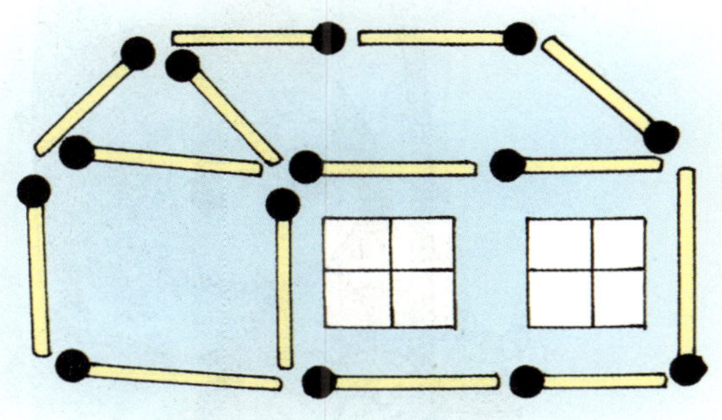

变房子

这是由14根火柴摆成的平房，如果现在要把它改变成一幢两层楼房，你认为要移动多少根火柴才能完成？

答案

这样不就行了嘛！

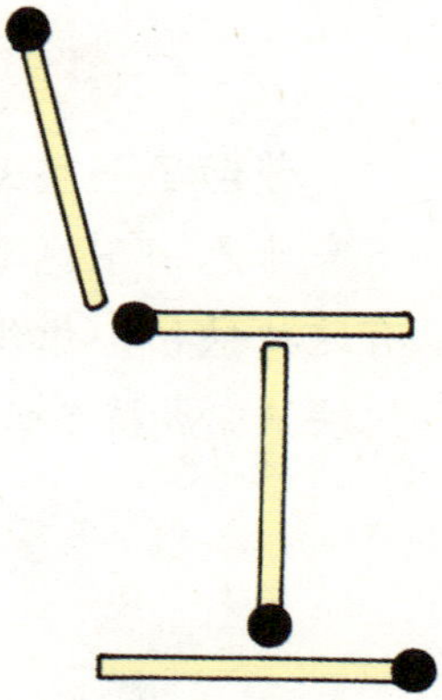

答案

不需移动任何火柴，只要把图竖着看就行了。

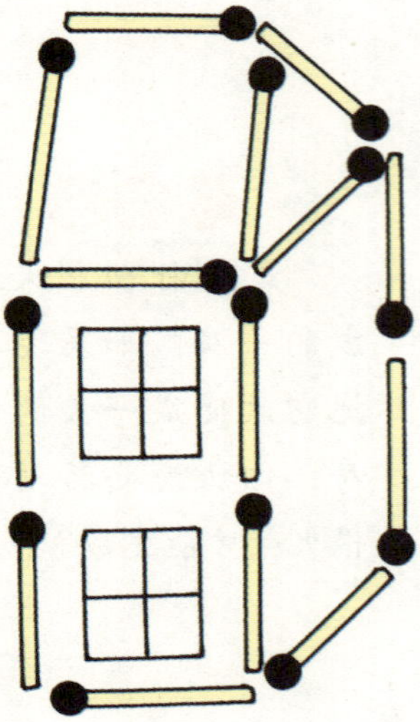

问题

变方向

这是由4根火柴组成的一个图形，现在我让你只移动两根火柴使它变个方向。起码你得想出两种办法。

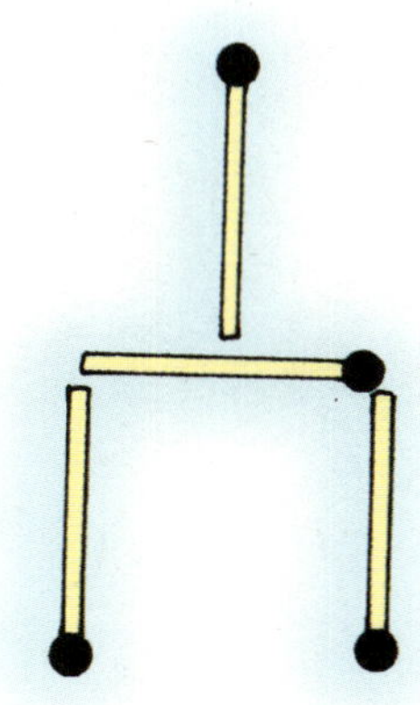

问题

变正方形

这是由14根火柴组成的4个正方形，现在让你把它变成另一种组合的4个正方形，但你只能移动其中的两根火柴。

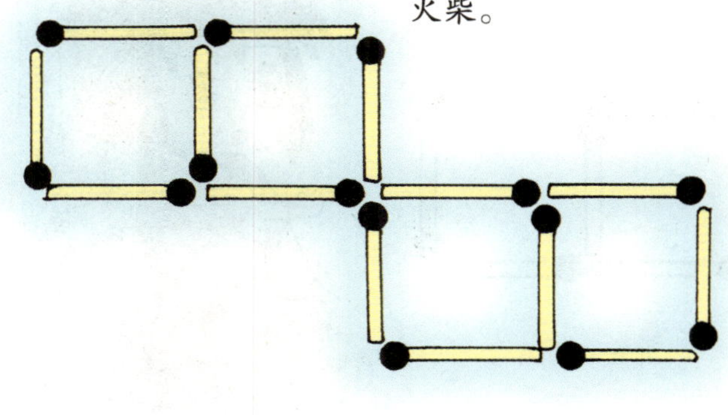

答案

这样不就行了嘛！

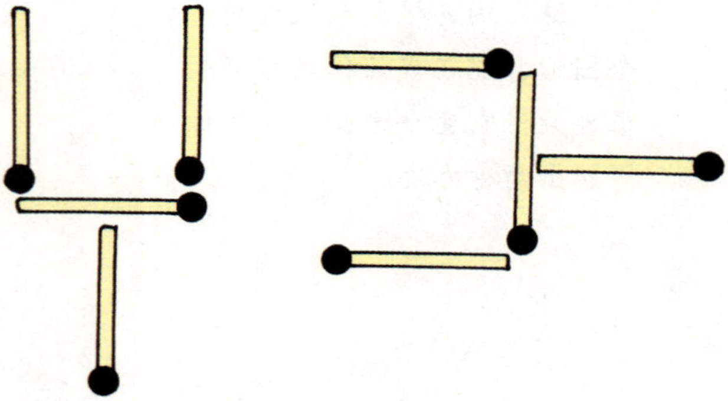

（1）　　　　（2）

答案

我还行吧！

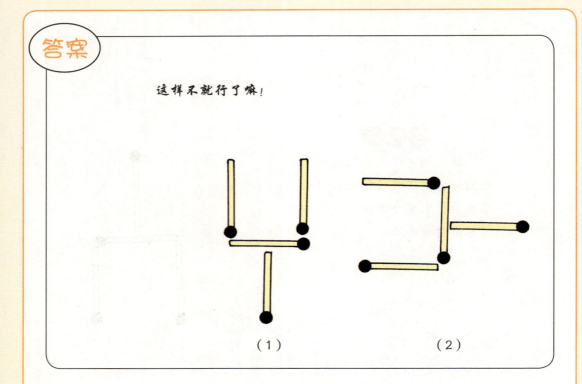

问题

变图形

这是用9根火柴摆成的4个三角形，请你移动其中的两根，使它变成5个三角形。

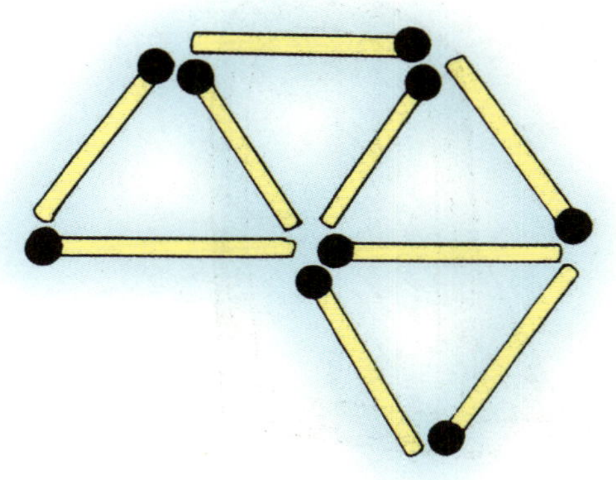

问题

变三角形

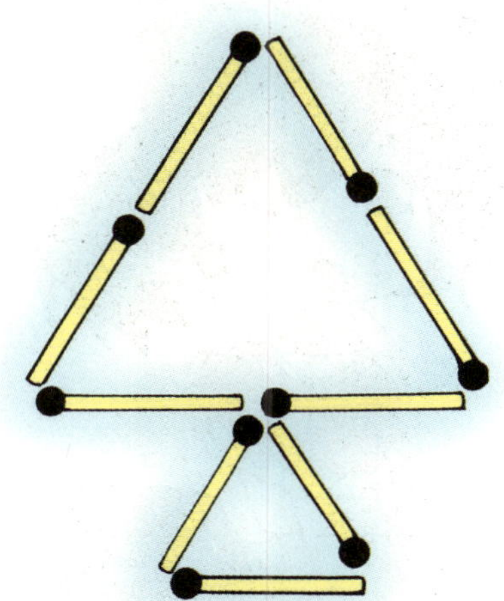

这是由9根火柴组成的两个三角形。请你移动两根火柴，把这两个三角形变成3个三角形。

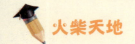

答案

整个形状也是一个三角形！

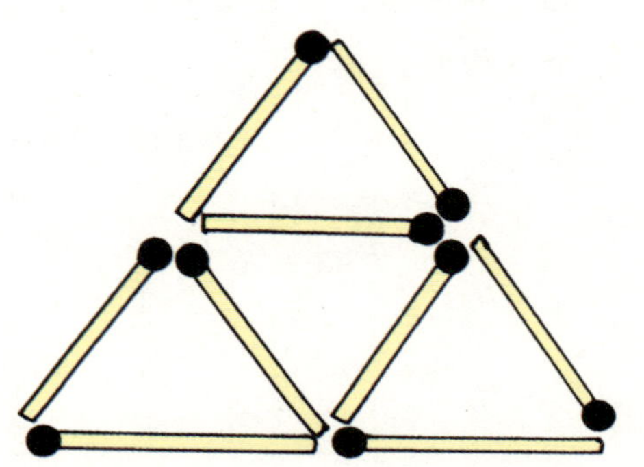

答案

这样就行了！

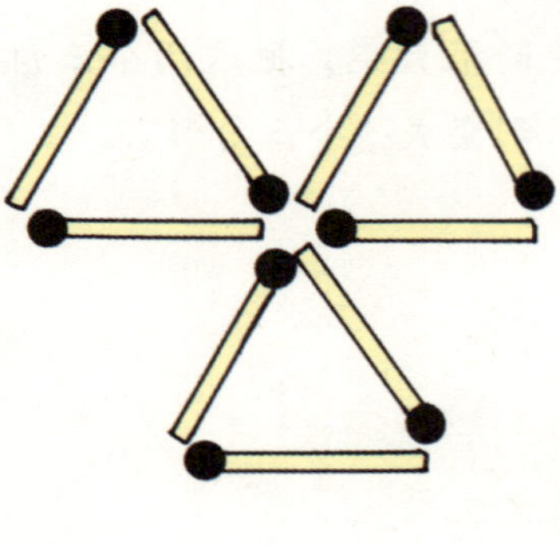

问题

变正方形

这是由12根火柴组成的正方形，你能只移动其中的3根火柴，让它排成3个大小相同的正方形吗？

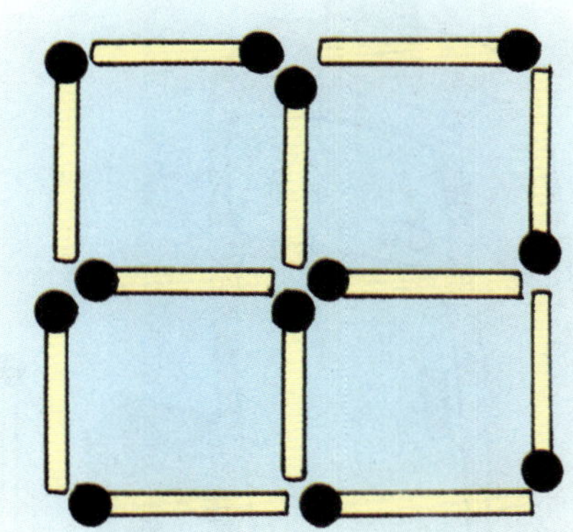

问题

摆正方形

这儿有8根火柴，我想用它们摆出3个正方形，可我一时又想不出该怎么摆。你能帮帮我吗？

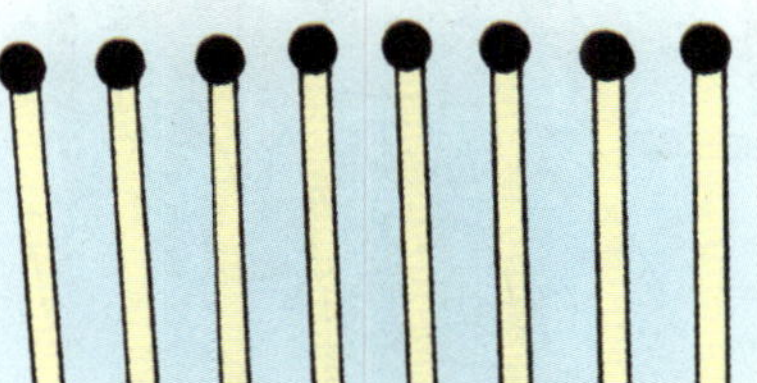

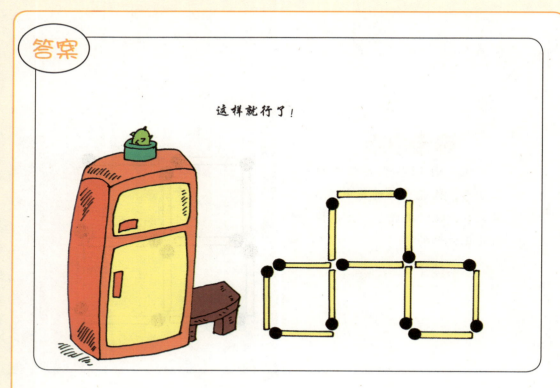

答案

这样就行了！

答案

两个正方形的交汇处
也是正方形哦！

问题

不合格的房子

这是座新搭的房子，可它不符合主人的要求，因为“施工方”把房子的方向盖反了。现在请你移动 1 根火柴，让房子换个方向。

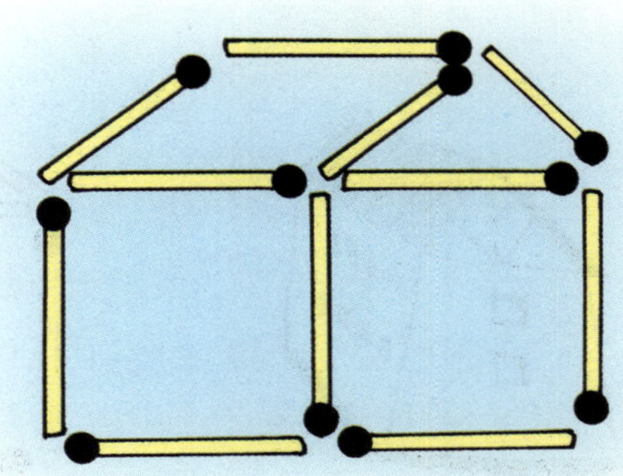

问题

“十”字形

这是用 4 根火柴摆的“十”字形，现在请你移动 1 根火柴，摆出 1 个正方形，你能办到吗?

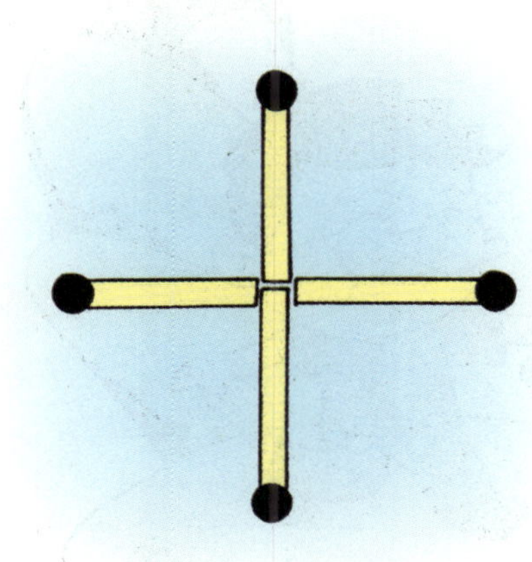

答案

这样就行了！

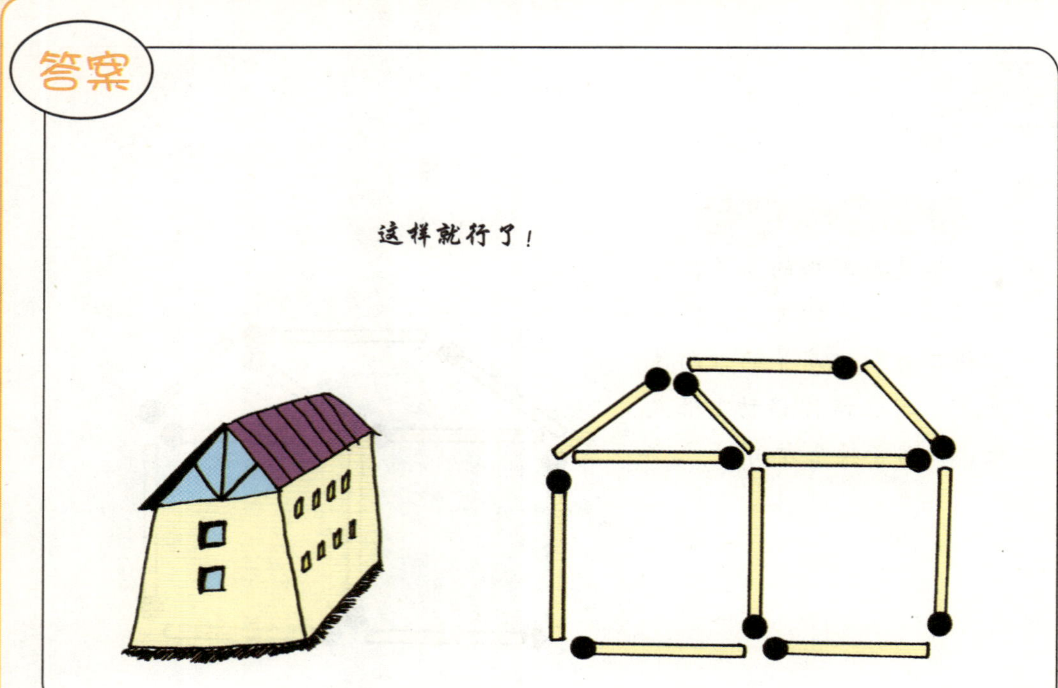

答案

这是利用火柴尾部摆出的正方形，没想到吧！

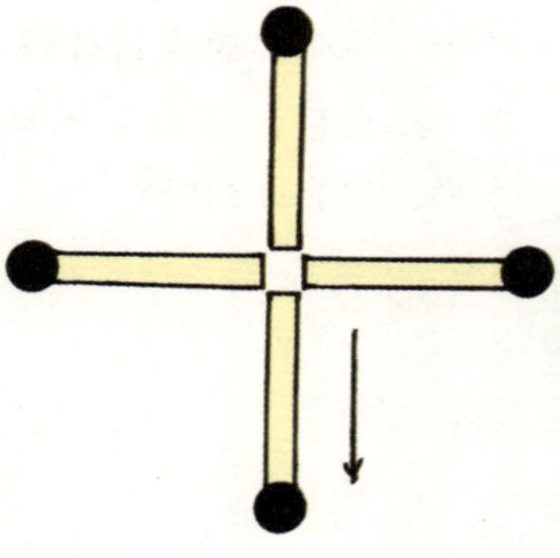

问题

变房子

这是用6根火柴摆成的一个图形，现在要想把它变成一间小房子，你认为需要移动多少根火柴才能完成？

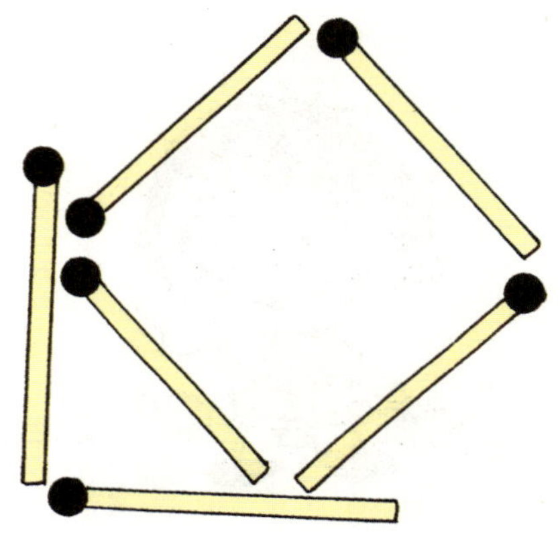

问题

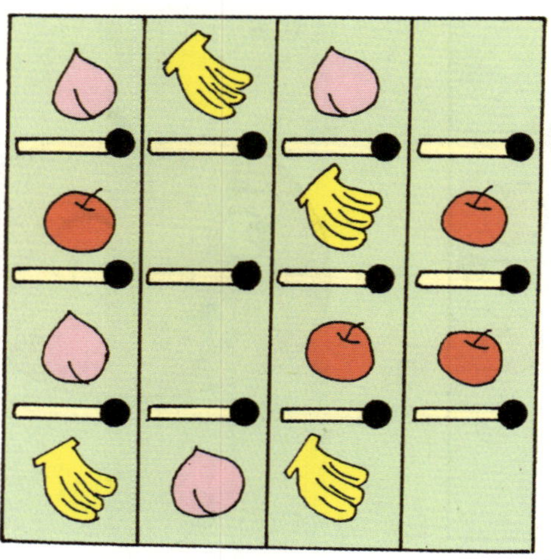

分水果

请你移动4根火柴，使4个小朋友每人都能分到1个苹果、1根香蕉和1个桃子。你能办到吗？

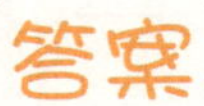
答案

只需要把图按顺时针方向旋转135度即可。

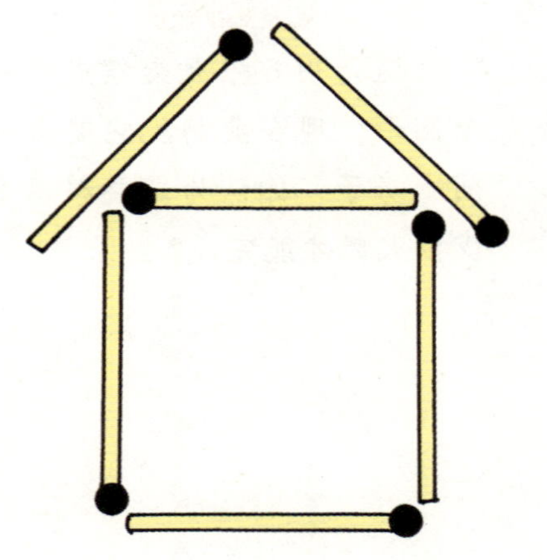

答案

这样就行了！

警长把办公室的椅子翻倒了，你能把它扶起来吗？很简单，移动两根火柴，就能把它正过来。

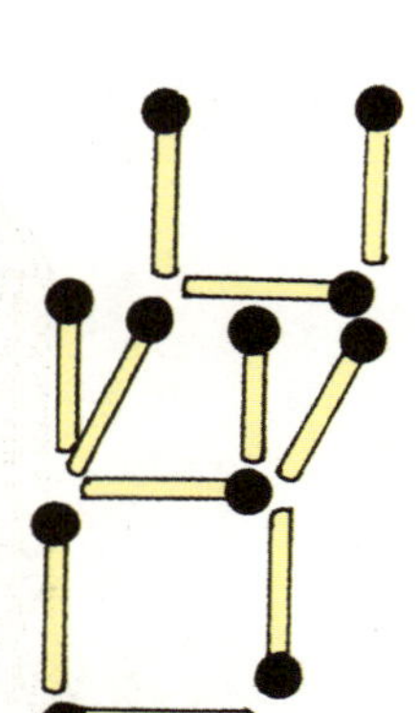

问题

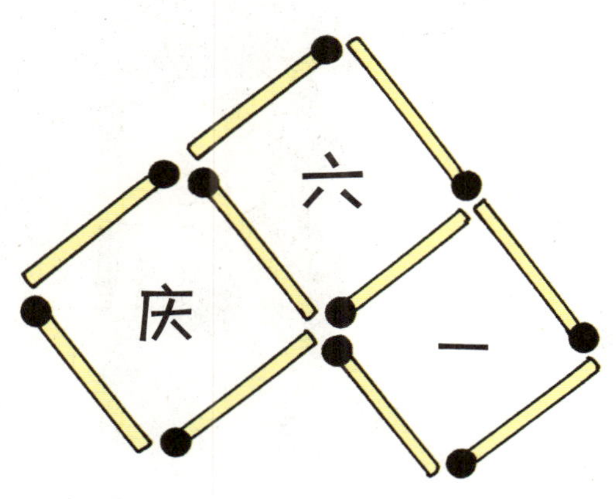

庆六一

我用10根火柴摆了个“庆六一”的图案。现在要求只用9根火柴摆成3个四边形图案，不能折断火柴，“庆六一”3个字也不能移动。你能办到吗？

答案

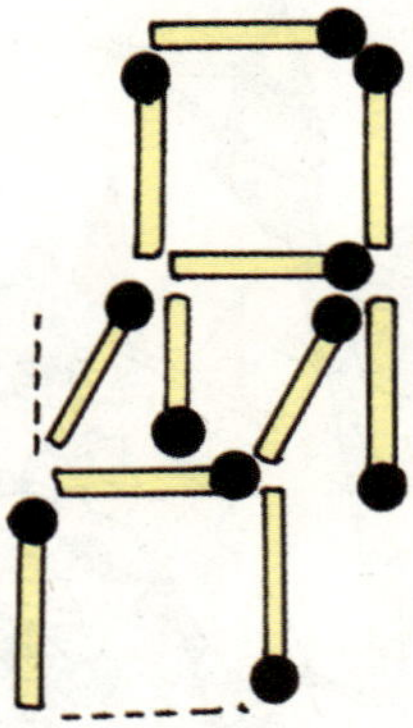

答案

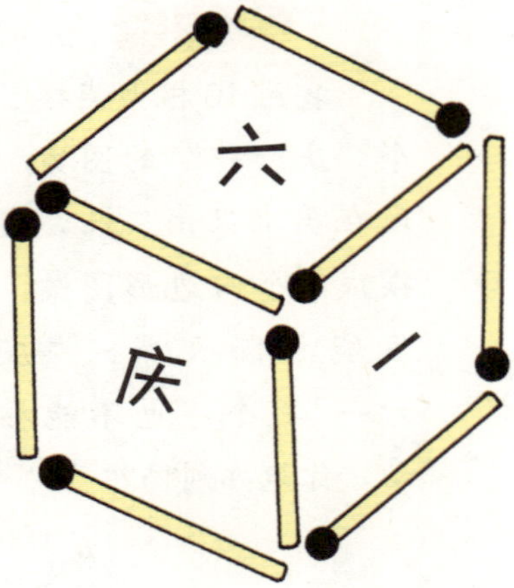

六

庆

一

问题

现在给你 7 根火柴，不准折断其中任何一根，你能把它变成“八支”吗？

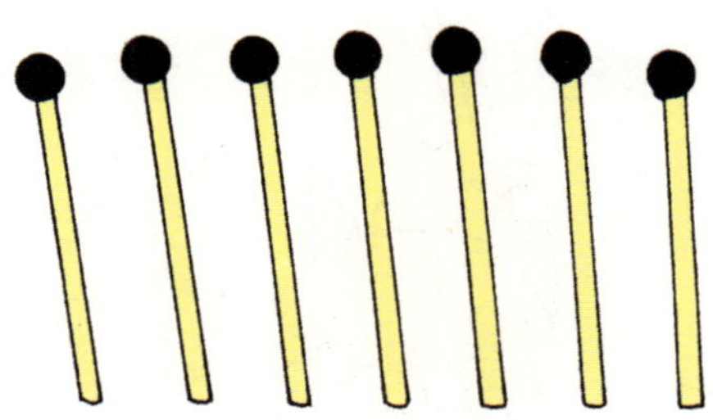

问题

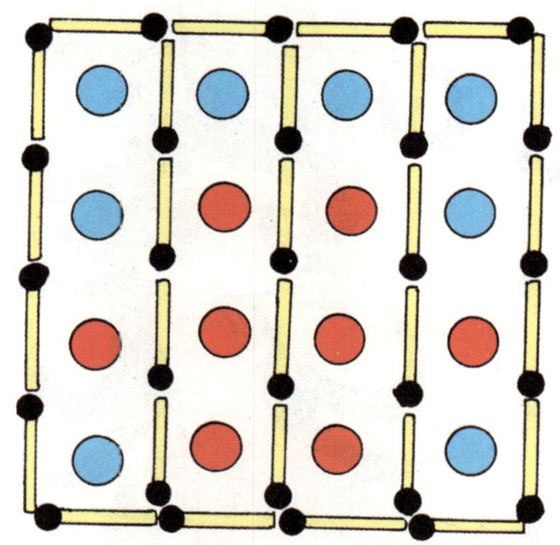

框中之球

框中有红色、蓝色两种球。请你移动图中的 4 根火柴，使每个火柴围成的框中有 4 个球，红色、蓝色各两个。你能做到吗？

答案

看明白了吧！

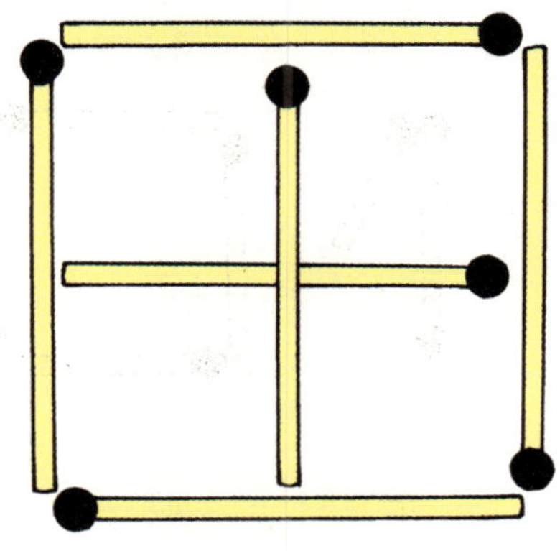

变正方形

我用6根火柴摆出5个正方形，那么，你能用9根火柴摆出“10个”正方形吗？

问题

移苹果

这是用4根火柴摆的一个杯子，里面放了一个苹果。请你移动两根火柴，使杯中的苹果变到杯子的外面。

答案

这样就行了！

问题

增加倍数

我用5根火柴摆成了数字“10”，你能只添加两根火柴就使“10”增加10倍吗?

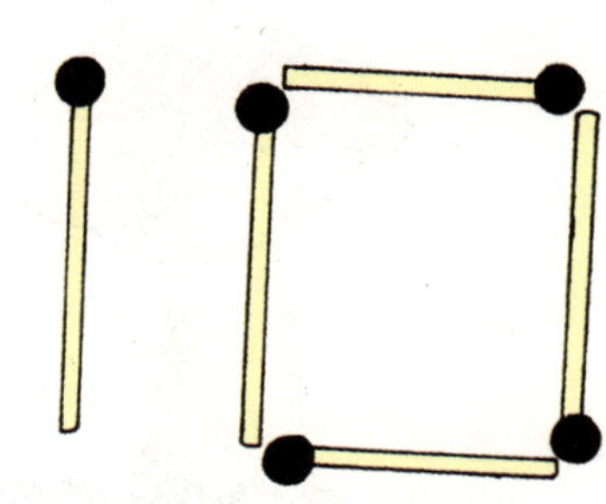

问题

雨伞

这是用火柴摆成的一把伞的形状。天空突然下起了雨，伞不够用了。现在要求你只移动4根火柴，把这一把伞变成两把伞，该怎么做?

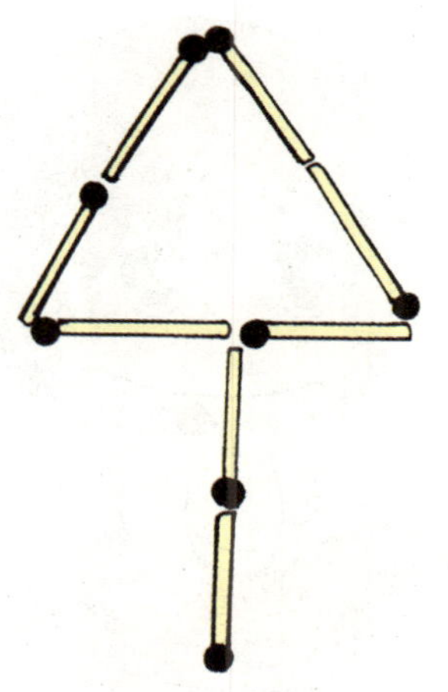

答案

答案

问题

六角星

这是一个由18根火柴组成的六角星，你能不能移动其中的6根火柴，把它变成6个菱形组成的图案。

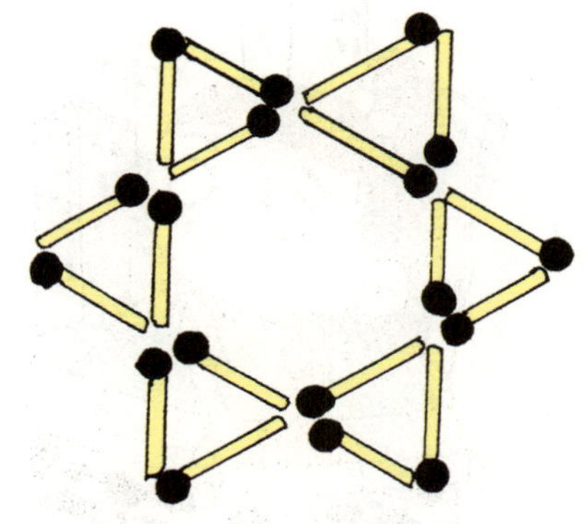

问题

小舟

这是用火柴摆成的一条小舟，请你移动4根火柴，把这条小舟变出3个梯形。

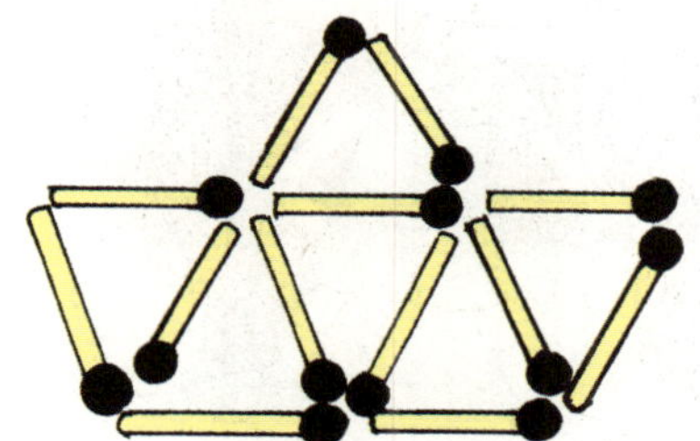

答案

问题

三角形

我用18根火柴组成了右面这幅图形，其中包括8个三角形。现在如果移走其中的两根火柴，可以使三角形的数量减为6个；移动其中的两根火柴呢，也可以使图中的三角形变成6个。想想看，都该怎么移?

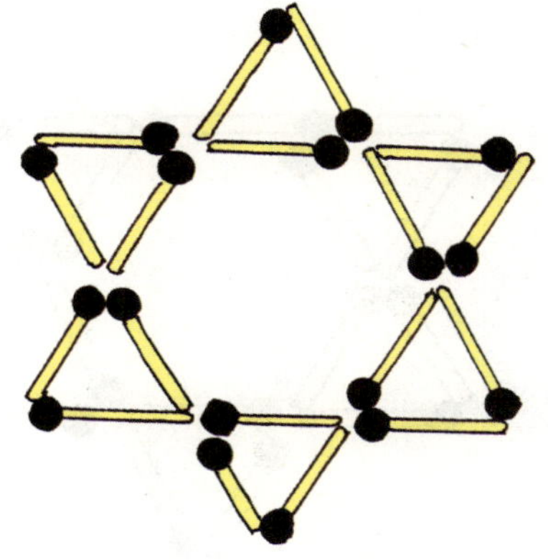

问题

图中的三部分面积是不相等的，你能移动两根火柴，使这三部分面积相等吗?

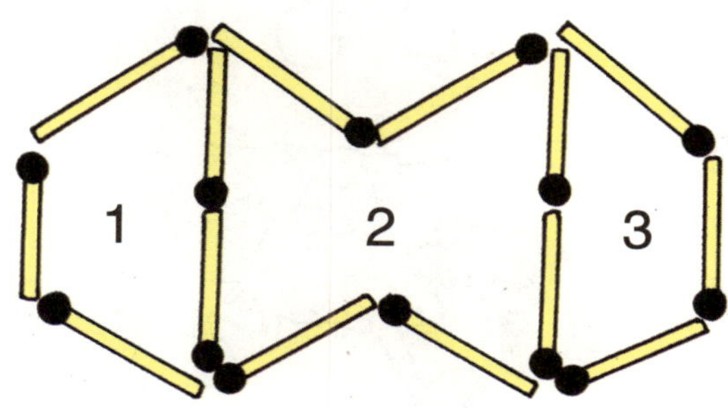

答案

你摆出来了吗？

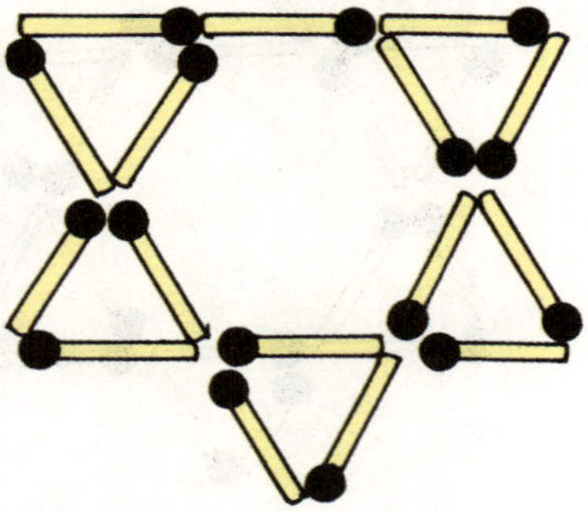

（1）

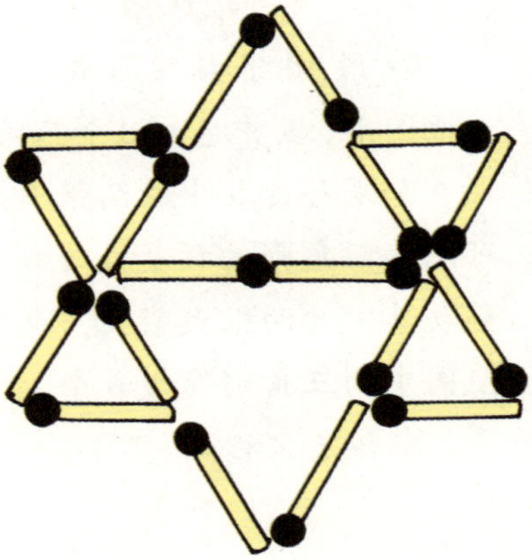

（2）

答案

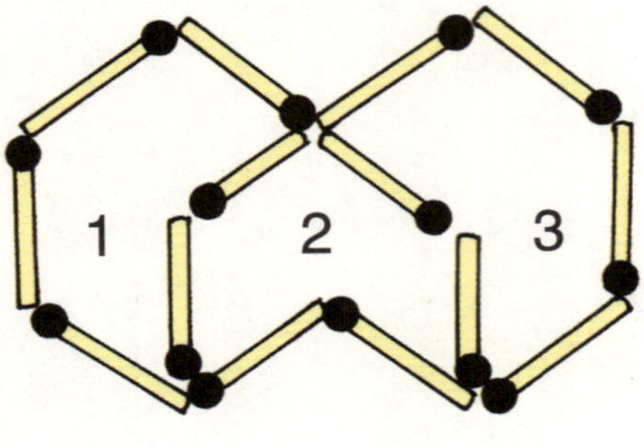

1 2 3

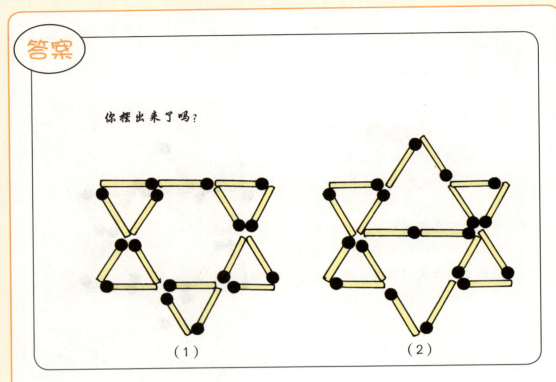

问题

节日

这是用6根火柴摆出的一个节日“十一”。现请你仍用这6根火柴，摆出两个节日，你能做到吗？

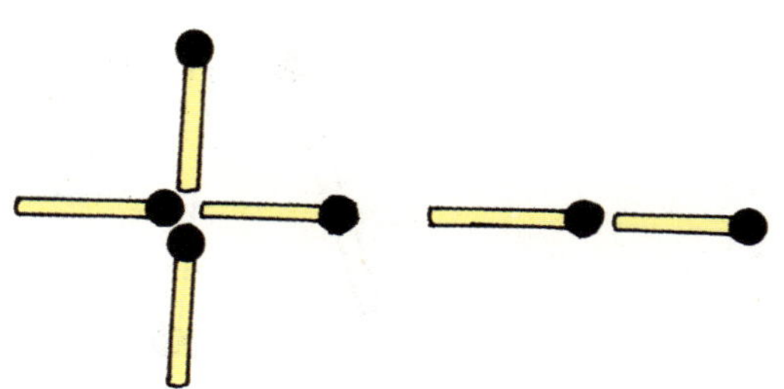

问题

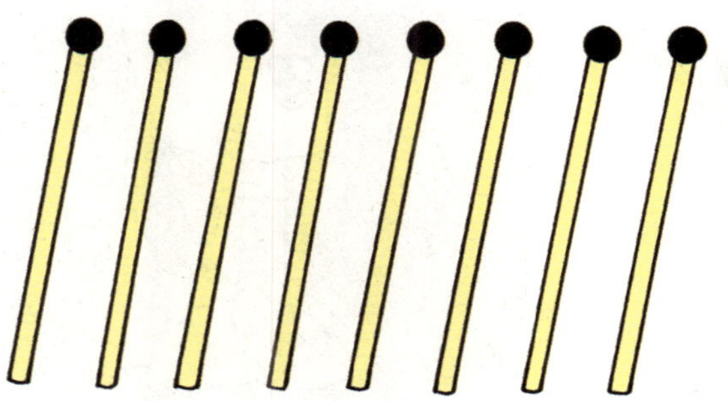

摆正方形

请你用这8根火柴摆成1个正方形、4个三角形，但是不能把火柴弄断或弄弯。你能办到吗？

答案

“八一”和“十一”。

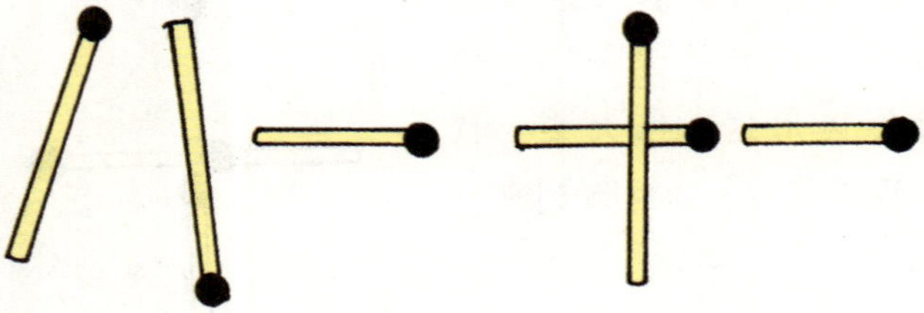

答案

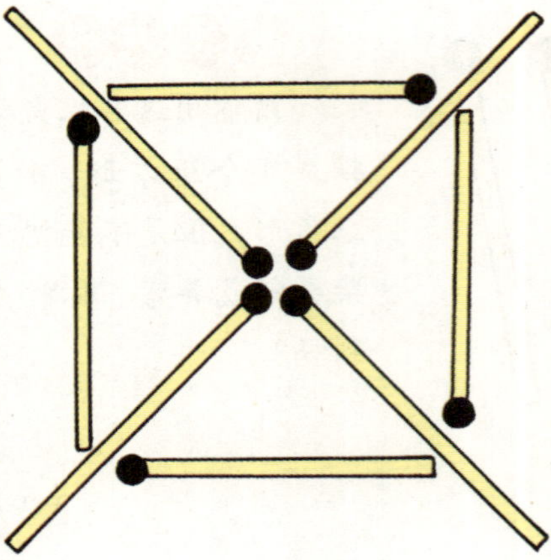

问题

3个变两个

这是用 10 根火柴摆成的 3 个正方形。现在请你移动两根火柴，使其变成两个正方形。你能行吗？

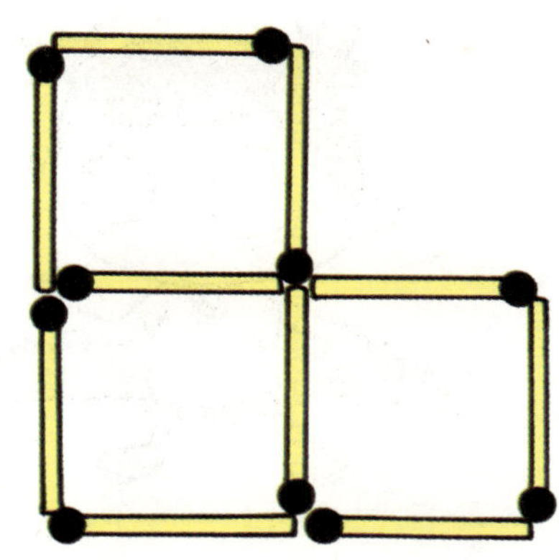

问题

巧变正方形

这是我用 21 根火柴摆成的 6 个正方形。现在请你移动 2 根火柴，让它变成 7 个正方形。你试试看！

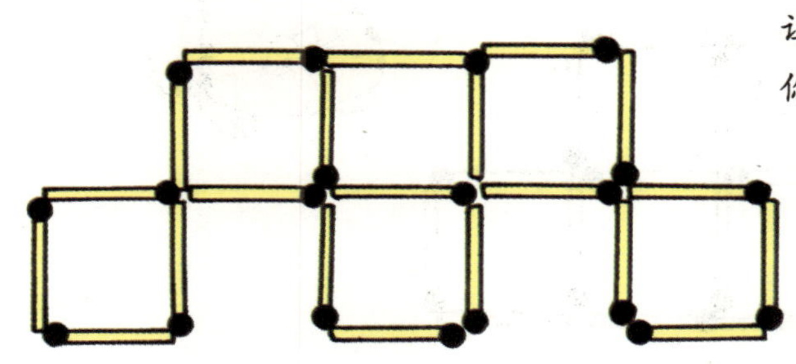

答案

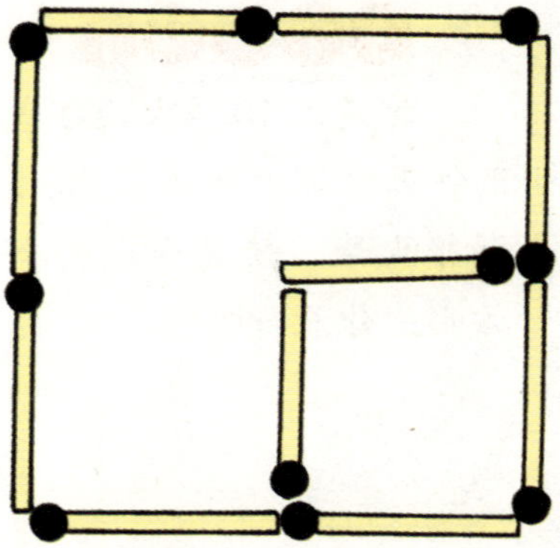

答案

这样就行了！

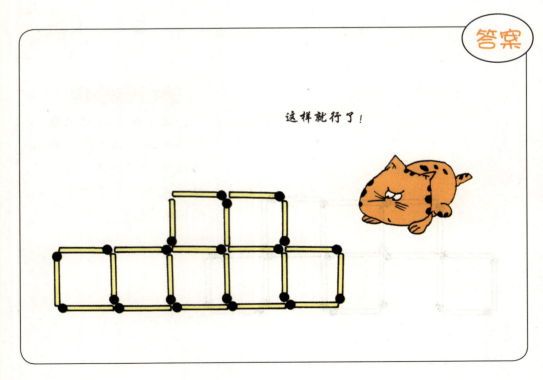

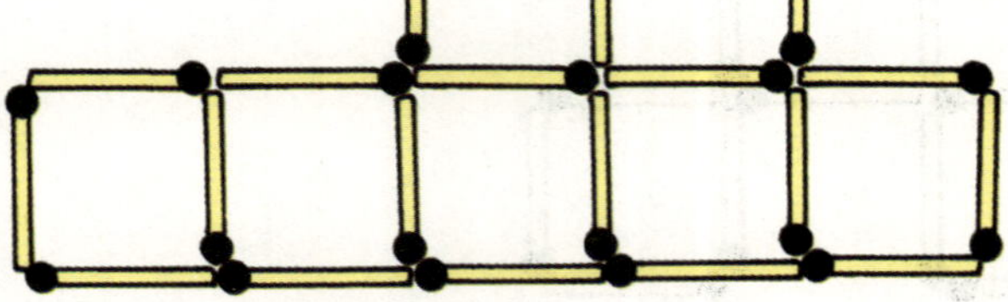

问题

不剩三角形

这个图形中有一个大三角形和 4 个小三角形。现在请你拿掉 3 根火柴，使图中 1 个三角形也不剩。你能行吗？

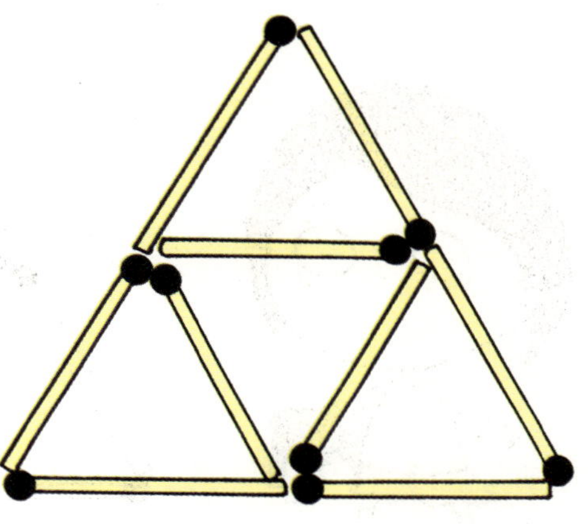

问题

翻转图形

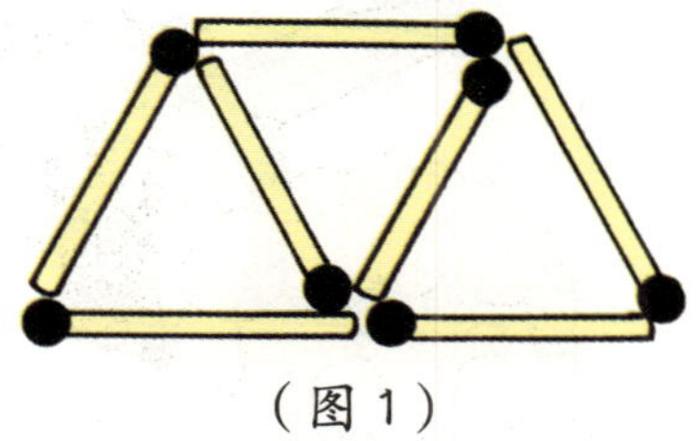

（图 1）

图 1 是一个梯形，现在让你移动两根火柴，让梯形垂直翻转，由图 1 变为图 2。你能行吗？

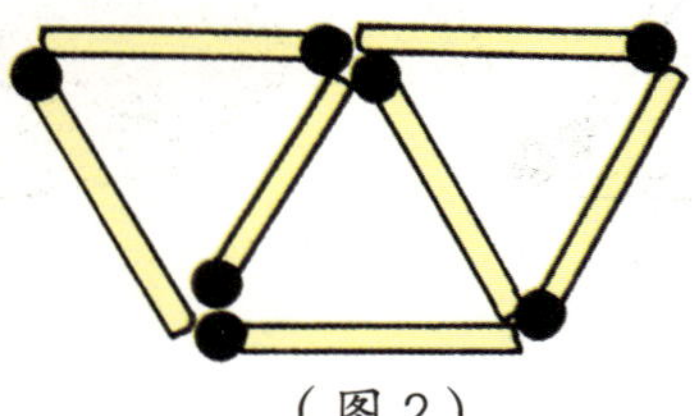

（图 2）

答案

这样就行了！

答案

这样就行了！

问题

分隔图形

这是由9根火柴摆成的1个三角形，现在再给你3根火柴，让你把图形分隔成3个相等的梯形。你能办到吗？

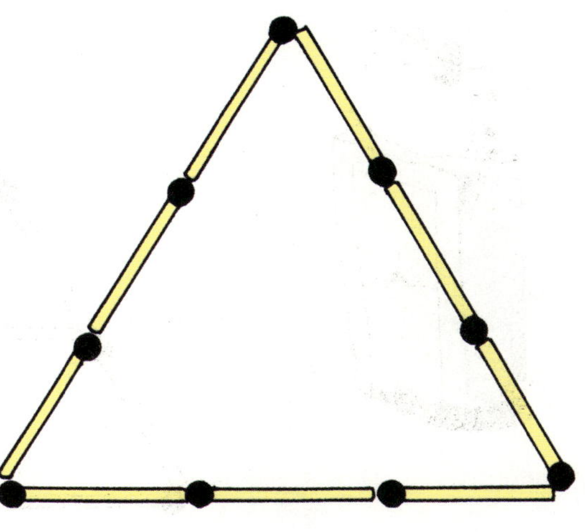

问题

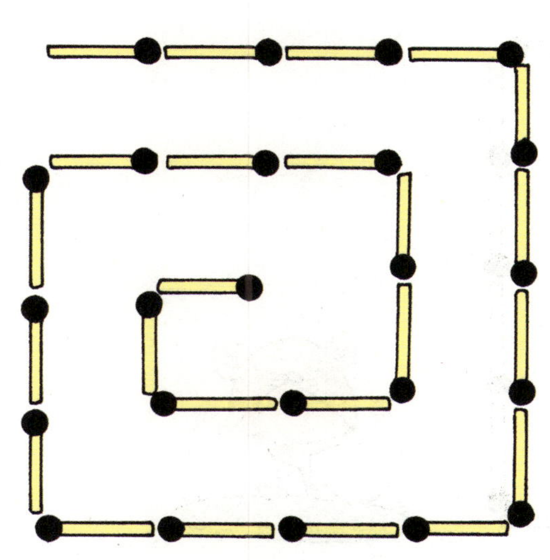

环形变正方形

这是由火柴摆的一个环形图，现在请你移动3根火柴，把这个图形变成3个正方形。好好动动脑筋吧！

答案

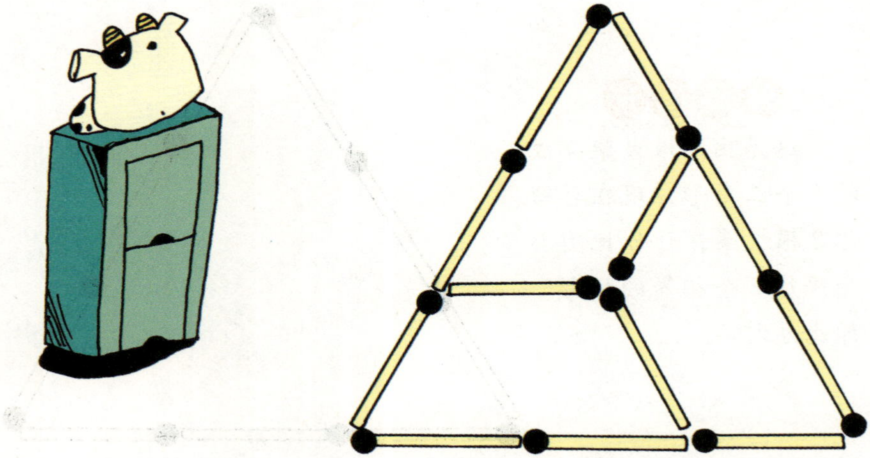

答案

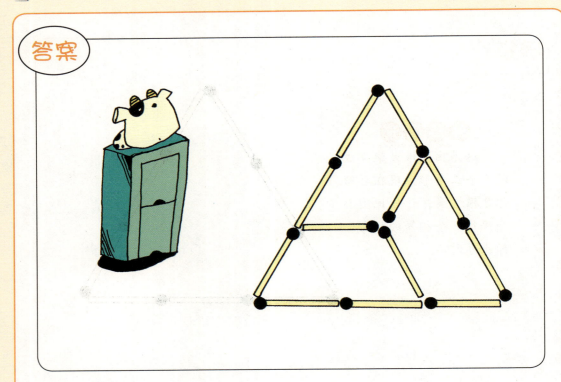

问题

变单词

这是我用火柴摆成的英文单词“FOOT”。你能移动1根火柴，使它变成另外一个英文单词吗？

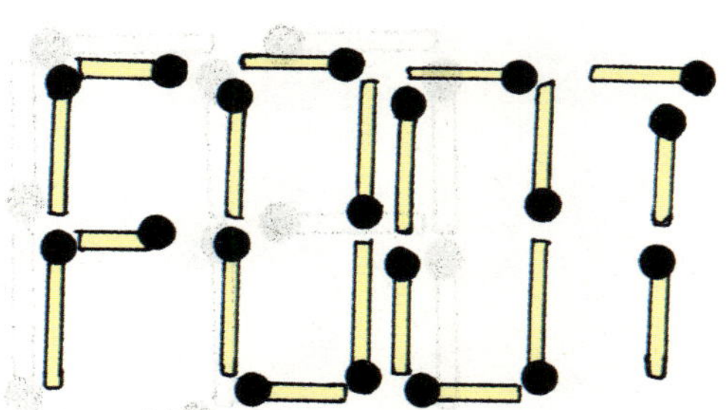

问题

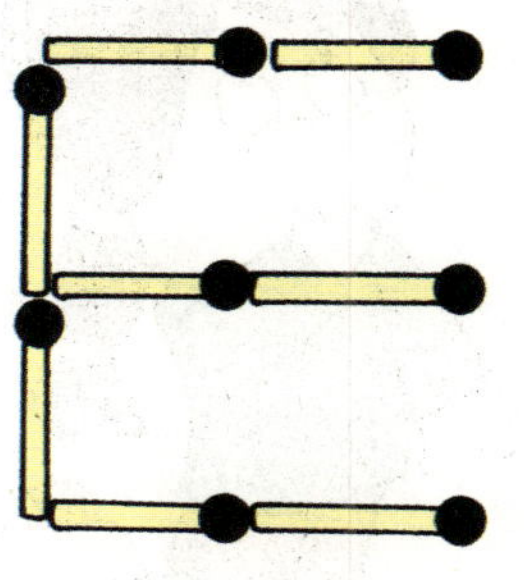

英文字母

这是用火柴组成的英文字母“E”。有人说加1根火柴可以把“E”变成小写。你知道他是如何做到的吗？

答案

你摆出来了吗？

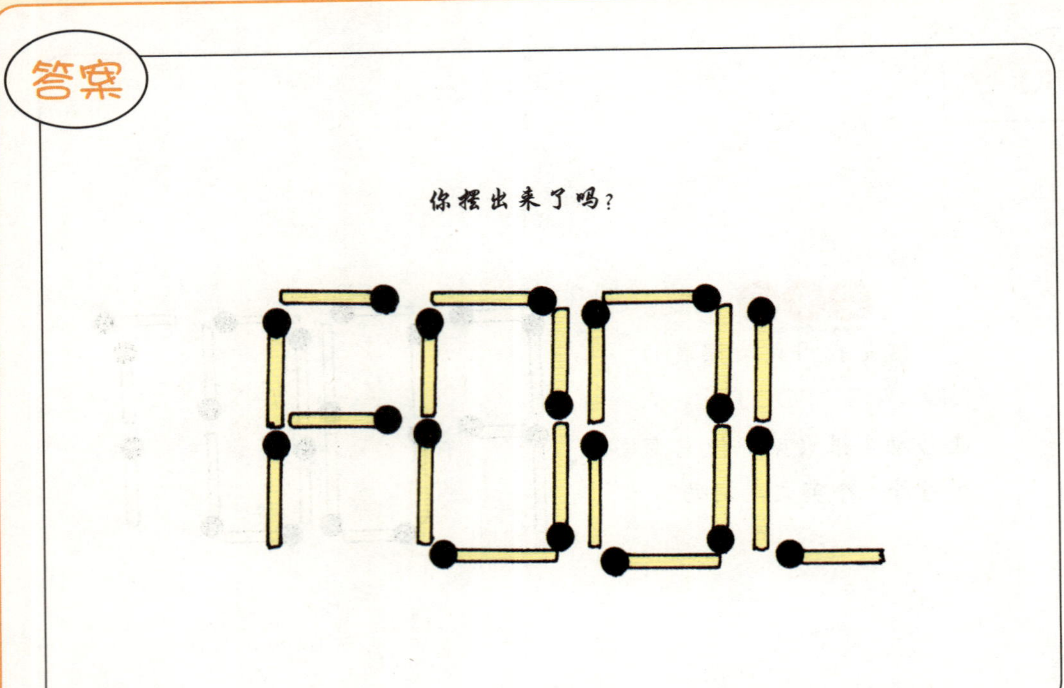

答案

加上1根火柴
就成小写的“e”了。

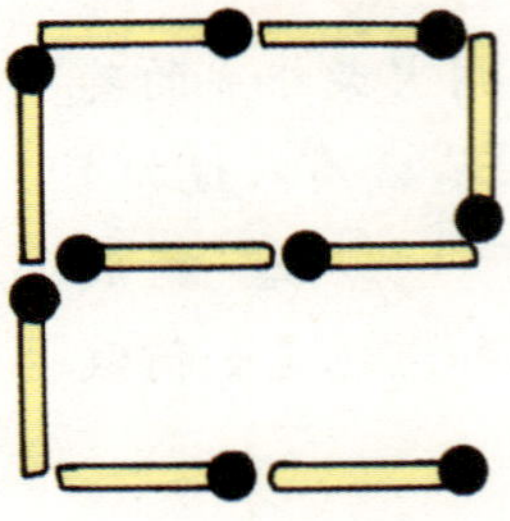

问题

变图形

这个图中有 3 个三角形，请你只移动两根火柴，使其图形变成 3 个平行四边形。你能办到吗？

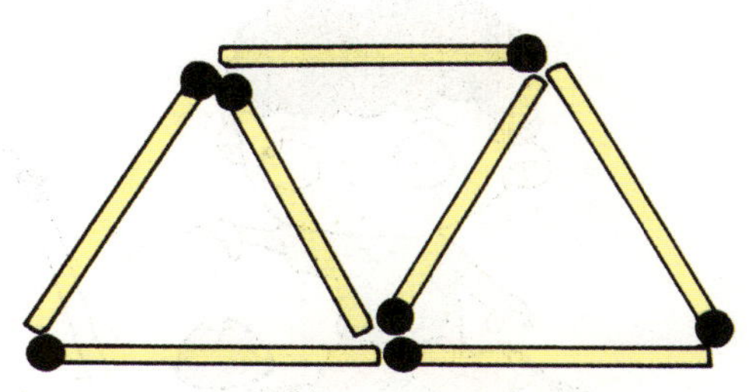

问题

翻转三角形

请你移动 4 根火柴，让三角形垂直翻转，由图（1）变成图（2）。

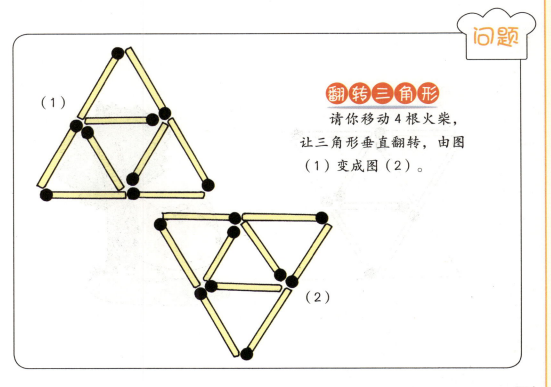

（1）

（2）

答案

答案

变数字

这是我用19根火柴摆出的数字“2354”，现让你仅移动两根火柴把数字变为“2991”，你能办到吗?

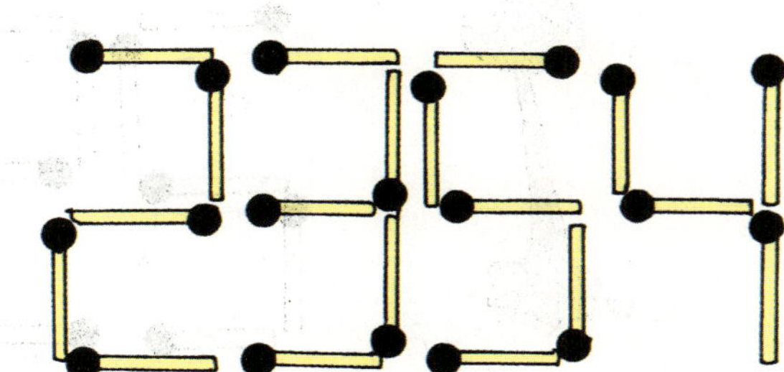

问题

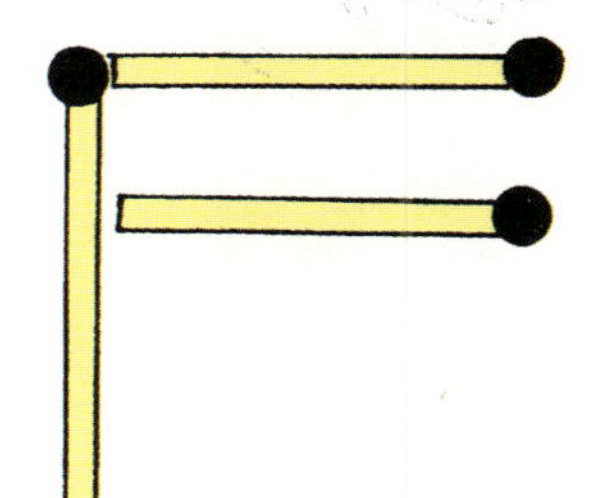

这是由3根火柴摆成的一个英文字母“F”。请你移动1根火柴，把它变成另外一个大写的英文字母。

答案

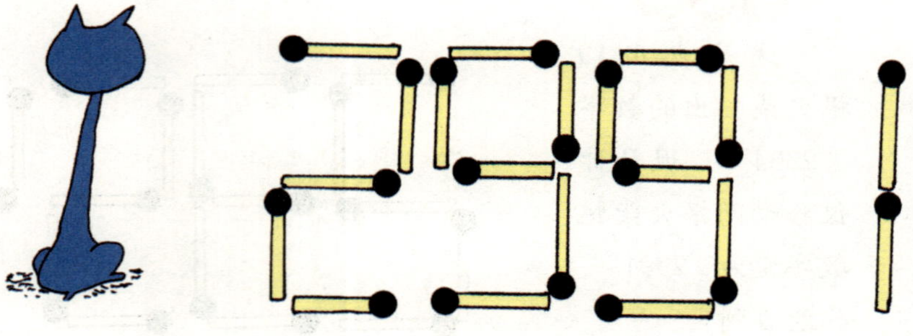

2991

答案

"H"

"T"

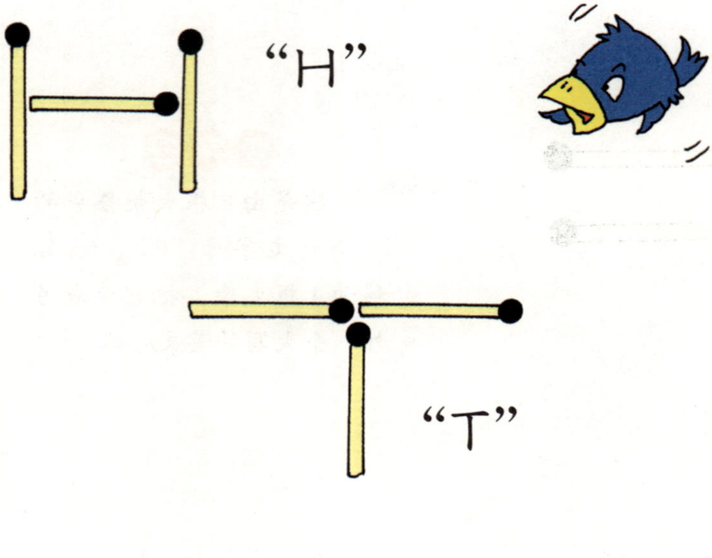

问题

怪图形

这是我摆的一个奇怪的图形，不过你只要移动其中1根火柴，图中的两部分面积就会相等。移动哪一根火柴呢？

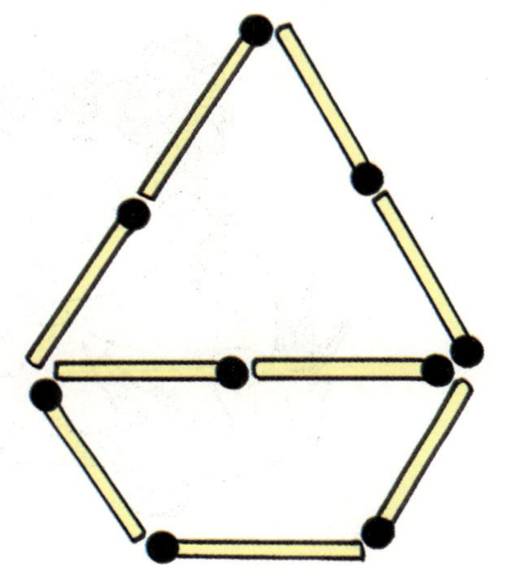

问题

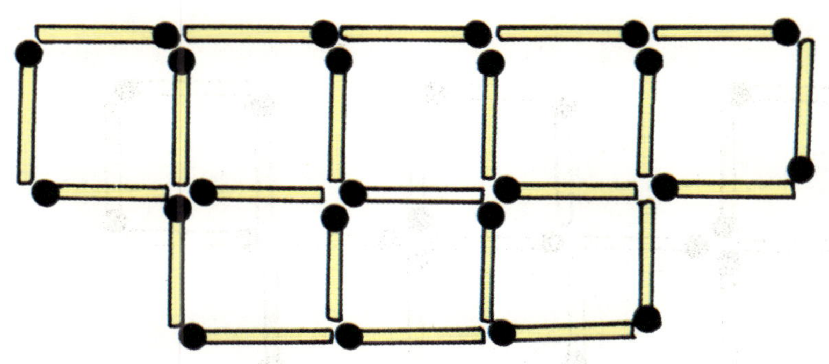

变正方形

我用火柴摆了8个小正方形，请你拿走3根火柴，使其变为5个正方形。

答案

答案

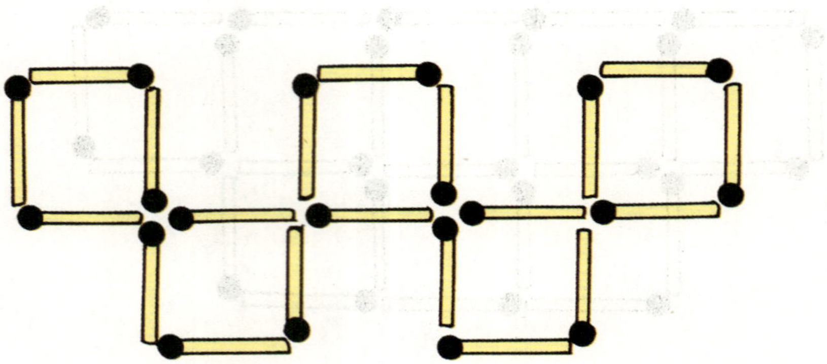

问题

请你移动两根火柴，把这两个正方形变成数字"51"。

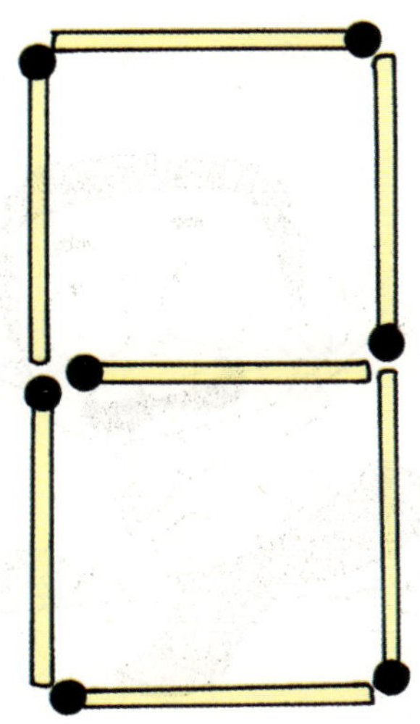

问题

变"A"字

这是用10根火柴摆成的两个"A"字，并排放置。现请你移动4根火柴，变成4个"A"字，你能行吗？

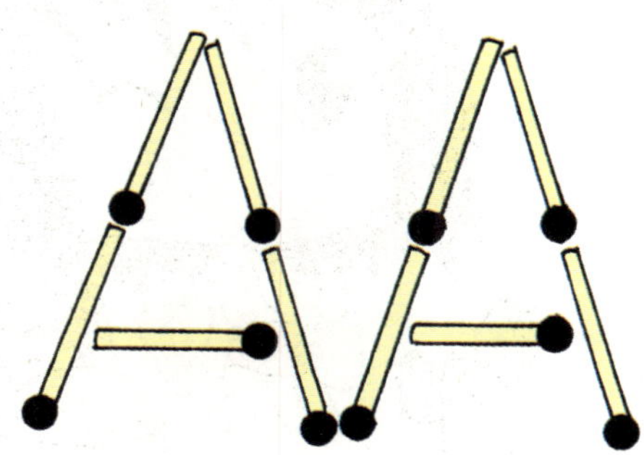

答案

答案

把两个“A”字上的两根火柴移下来就行了。

问题

变菱形

我用7根火柴摆成了右面这个图形，现在请你移动两根火柴，把这个图形变成两个菱形，你能行吗？

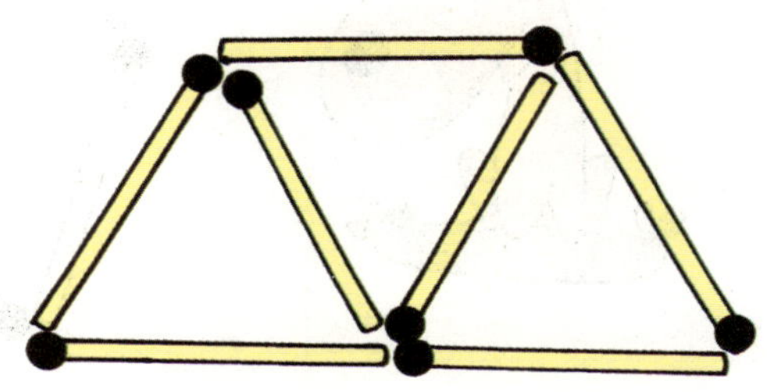

问题

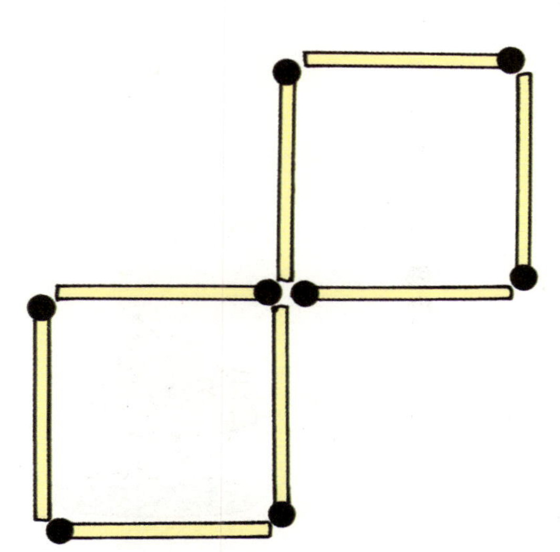

变"61"

这是由两个正方形组成的图形，请你移动3根火柴，把图形变成"61"，你知道怎么移吗？

答案

答案

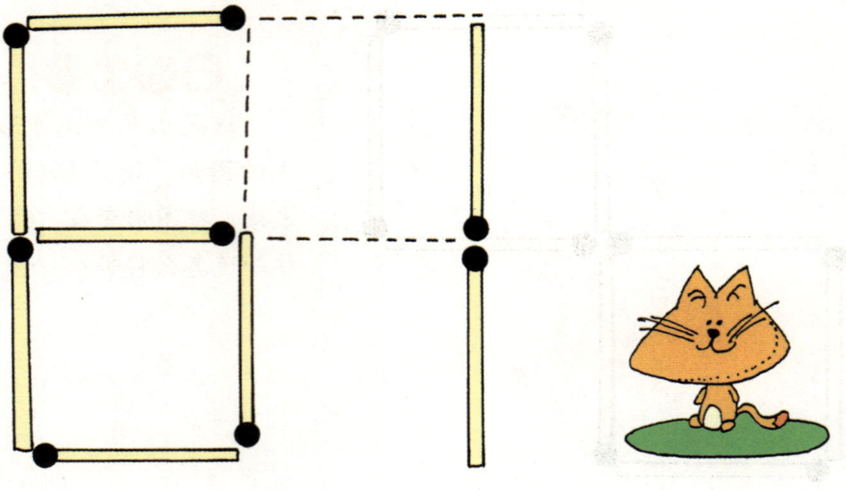

问题

什么节日

这儿有三根火柴，我想把它组成一个节日，可组成什么节日好呢？你能帮我想想办法吗？

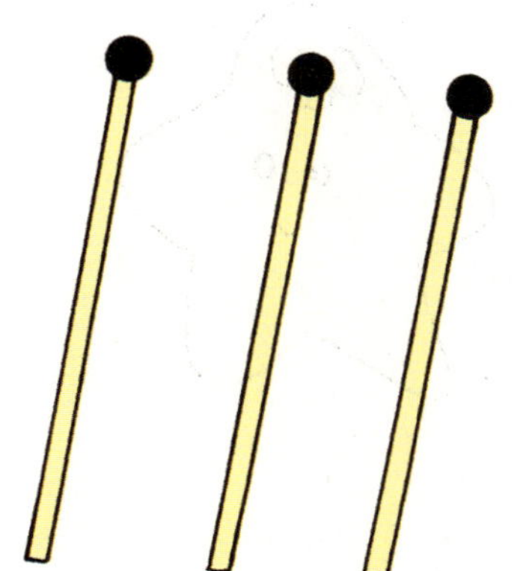

问题

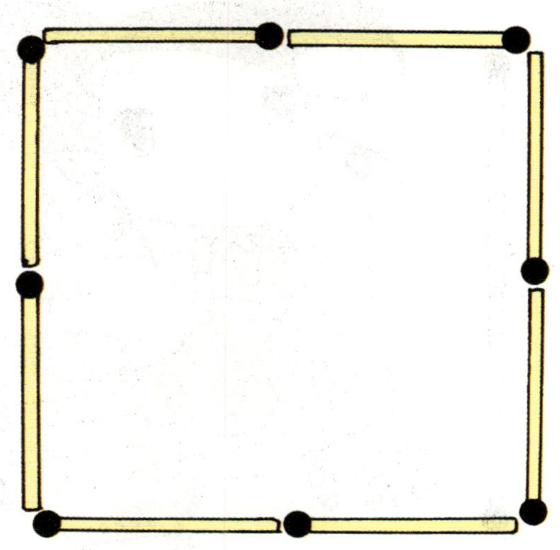

变"61"

这是用8根火柴摆成的一个正方形，我突发奇想，想让你只移动两根火柴，把图形变成"61"。你能办到吗？

答案

“八一”建军节

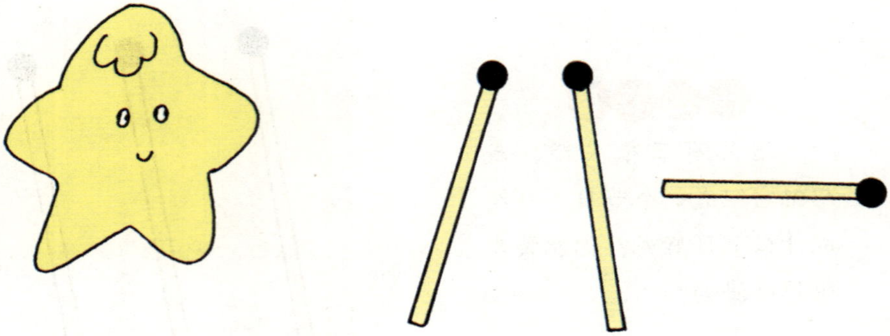

答案

问题

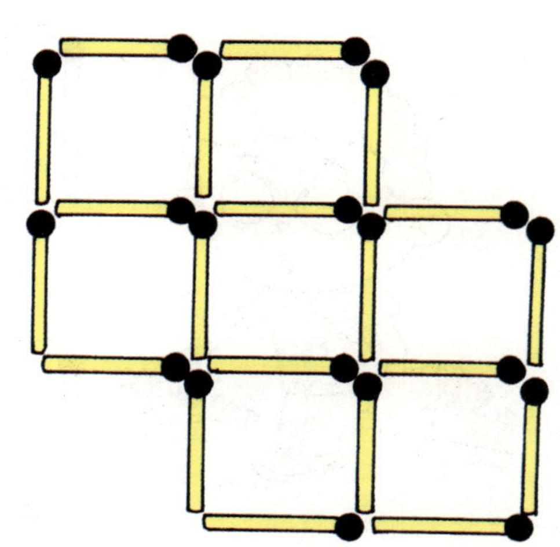

变正方形

这是由7个小正方形组成的图形，请你移动4根火柴，把它变为只有5个正方形的图形。你能办到吗？

问题

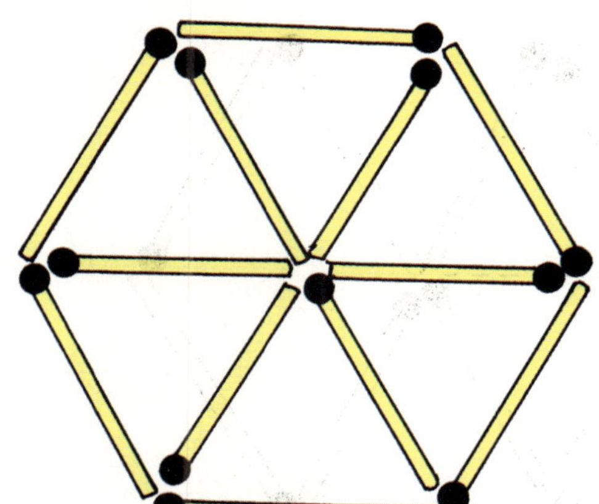

变菱形

这是一个用火柴摆成的六边形，现在请你移动4根火柴，把这个六边形变成3个菱形。你能变过来吗？

答案

答案

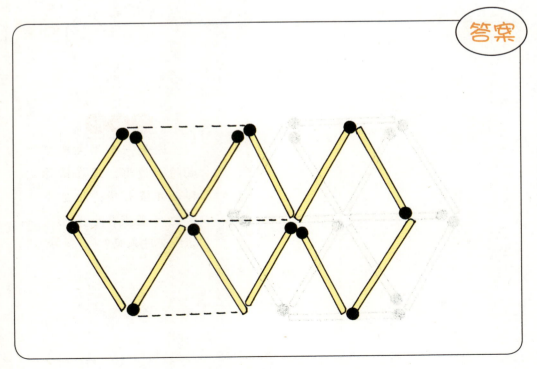

问题

组成节日

这儿有5根火柴，你能用它们组成一个节日吗？动手试试吧！

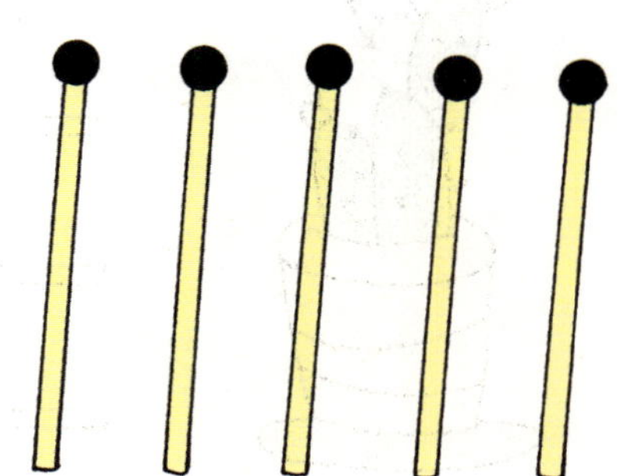

问题

九个变五个

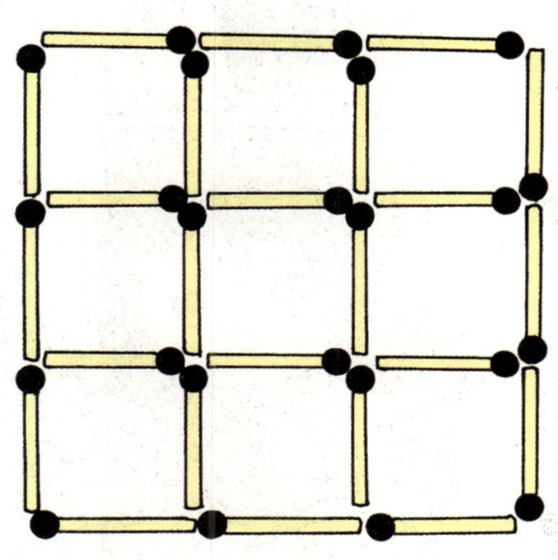

这是用火柴摆成的9个正方形，请你拿掉4根火柴，使图形变为5个正方形。你能行吗？

答案

“三八”妇女节

答案

问题

相等

右图中两部分的面积是3 ∶ 2，请你设法移动两根火柴，使其变成1 ∶ 1。你能办到吗？

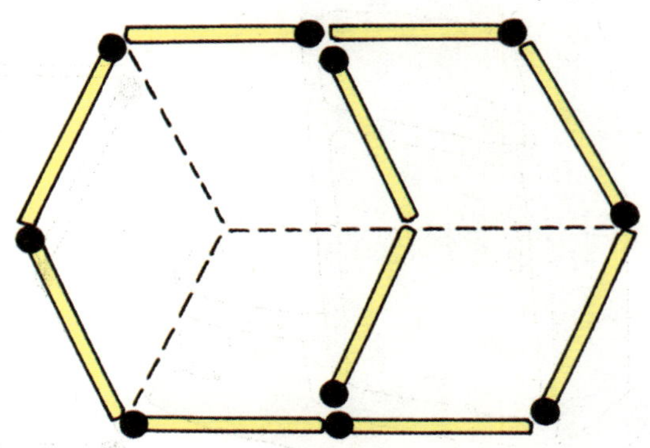

问题

面积之比

我用12根火柴摆出了两个图形，面积之比是3 ∶ 1。现在请你用这12根火柴，摆出另外两个图形，使它们的面积比仍是3 ∶ 1。

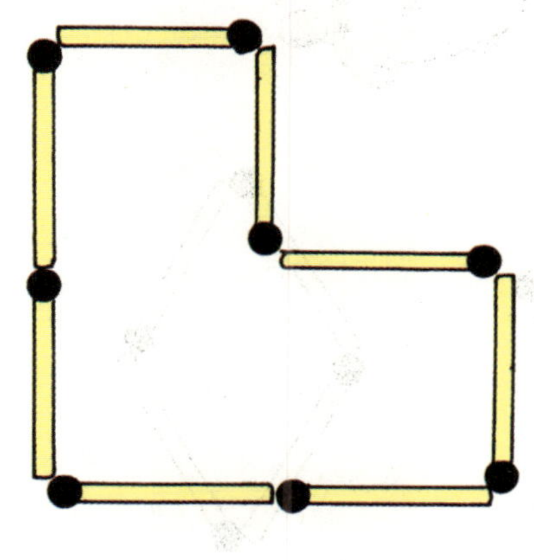

答案

答案

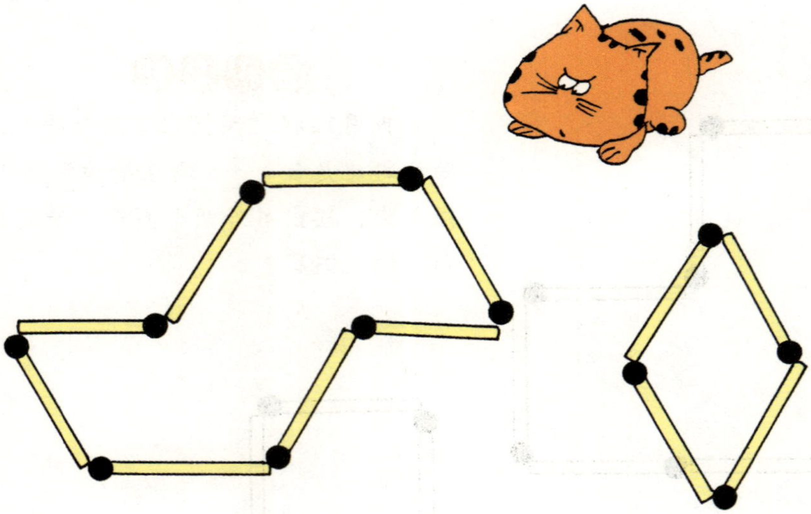

这是由8根火柴组成的1个图形，现在给你两根火柴，你能把右面这个图形分隔成形状、大小完全一样的三部分吗？

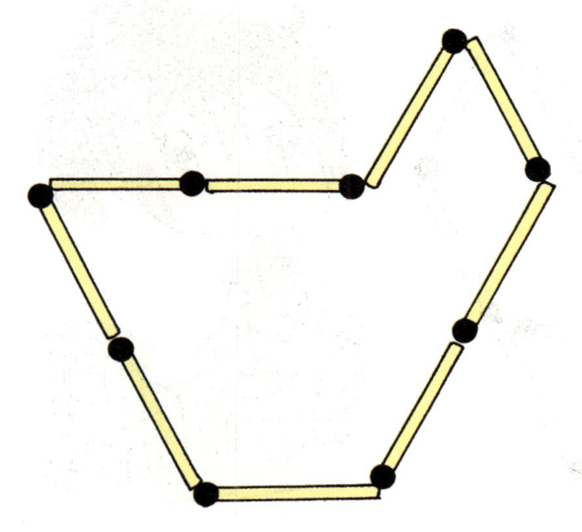

巧妙分隔

请你在左面这个图形中添上3根火柴，把图形分隔成形状、大小完全一样的三部分。你能办到吗？

答案

答案

问题

怎样分隔

这是我用8根火柴摆成的图形，现在给你两根火柴，你能把这个图形分隔成形状、大小完全一样的两部分吗？

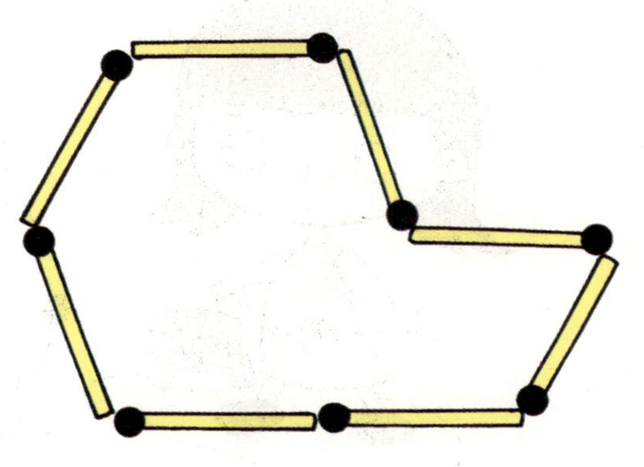

问题

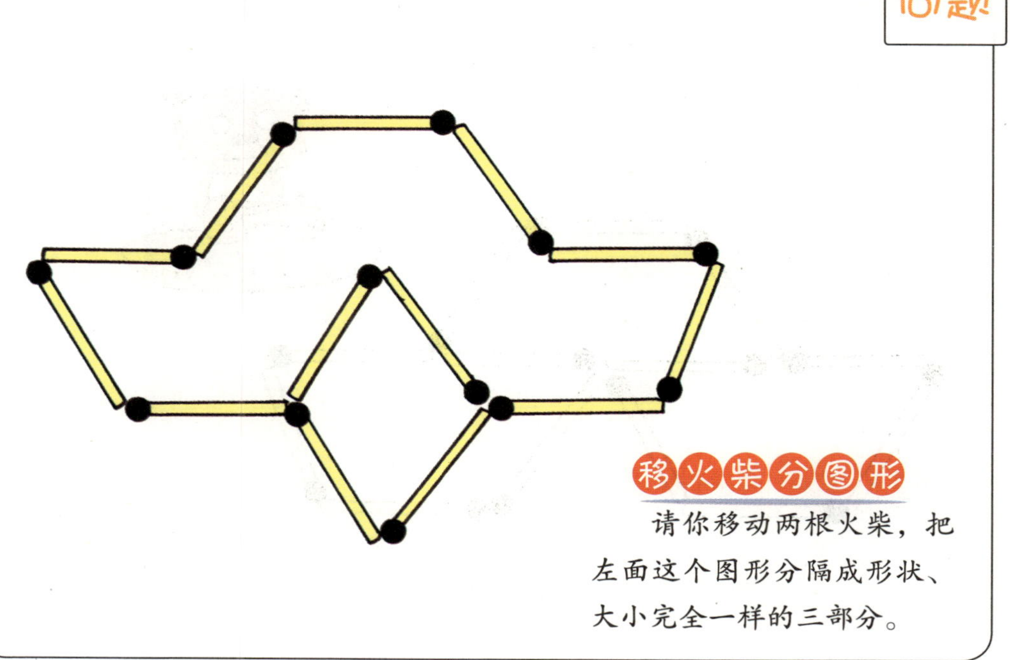

移火柴分图形

请你移动两根火柴，把左面这个图形分隔成形状、大小完全一样的三部分。

答案

答案

问题

改变形状

我用 10 根火柴摆出个图形，面积比是 2 ：1，现在请你用这 10 根火柴摆出另外两个图形，它们的面积比仍是 2 ：1。

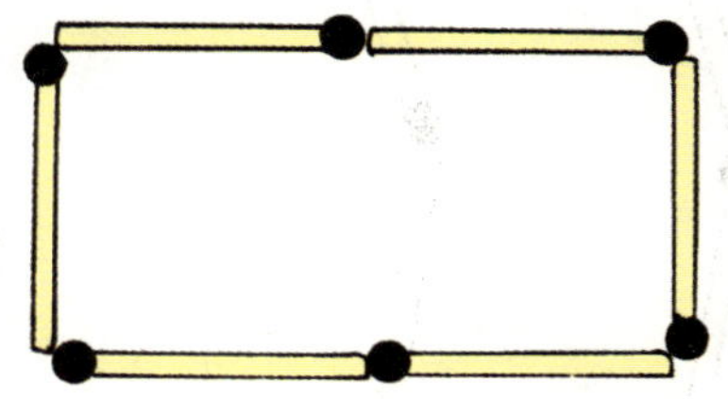

问题

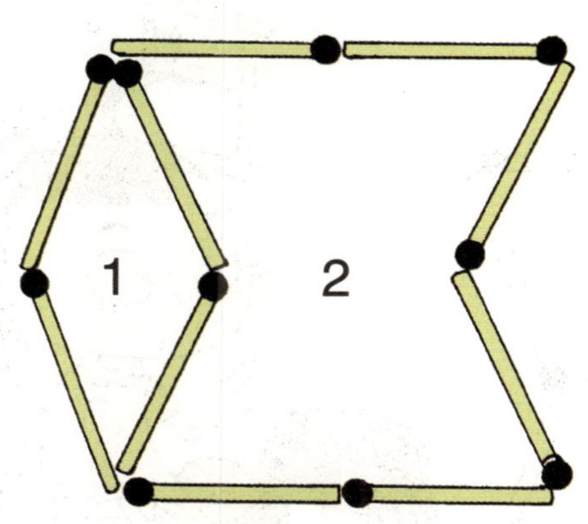

找平均

左图形中两部分的形状和大小都是不一样的。你能设法移动两根火柴，使两部分不仅形状相同面积也相同吗？

答案

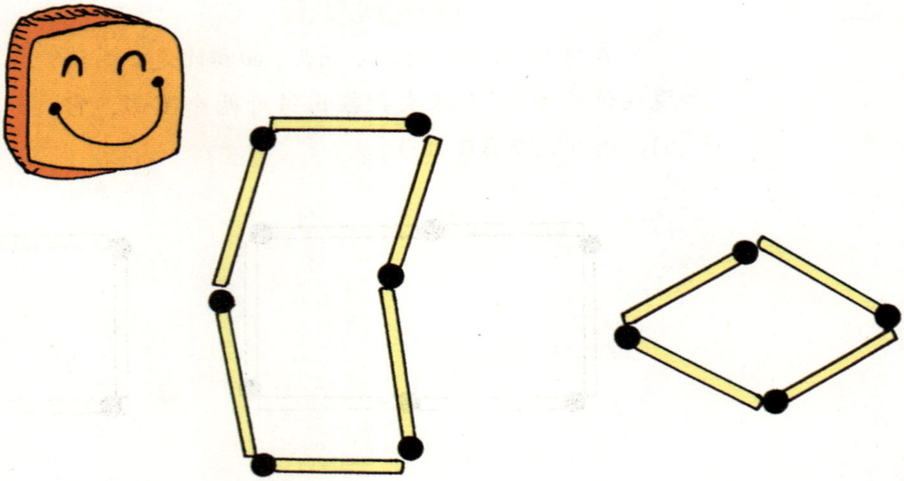

答案

1

2

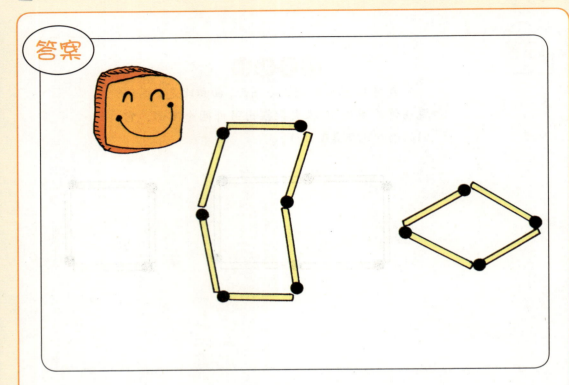

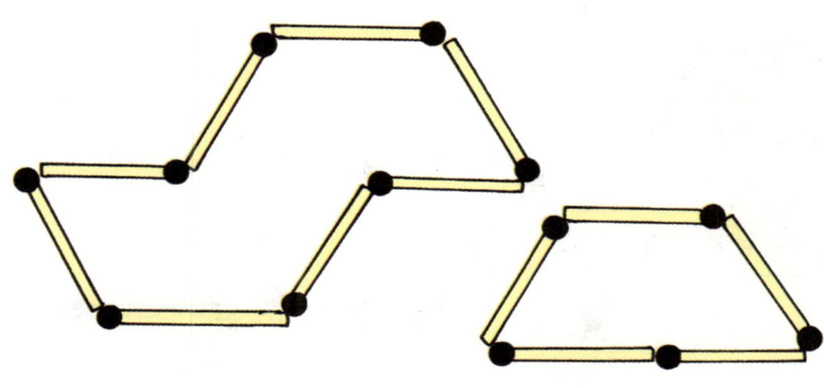

面积比例

这是用 13 根火柴摆成的两个图形，面积之比是 2 ： 1。现在请你用这 13 根火柴重新摆出两个图形，面积比是 3 ： 1。

问题

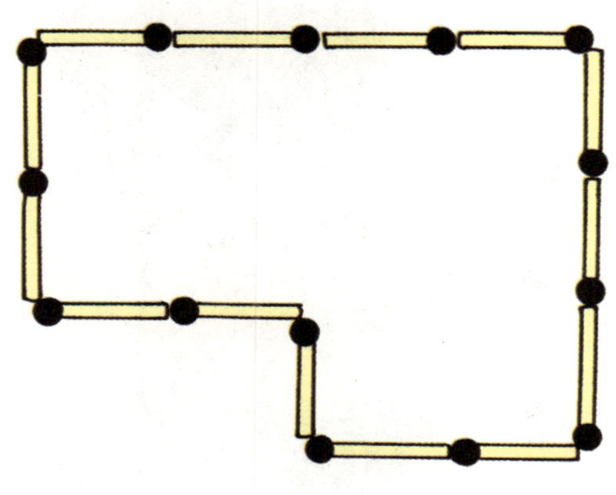

巧妙分隔

给你三根火柴，请你把这个图形分隔成形状、大小完全一样的两部分，你能做到吗？

答案

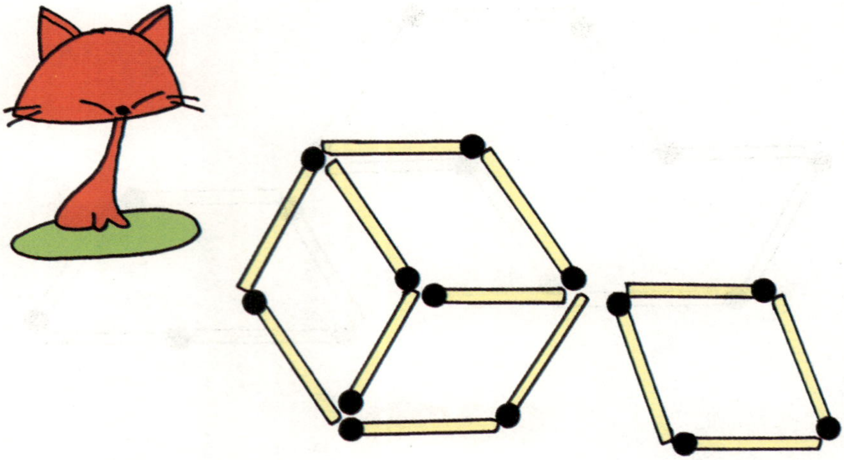

答案

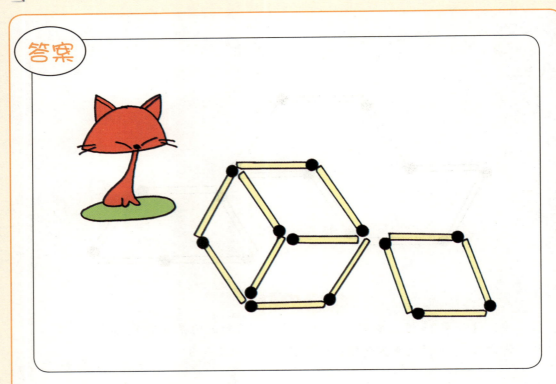

问题

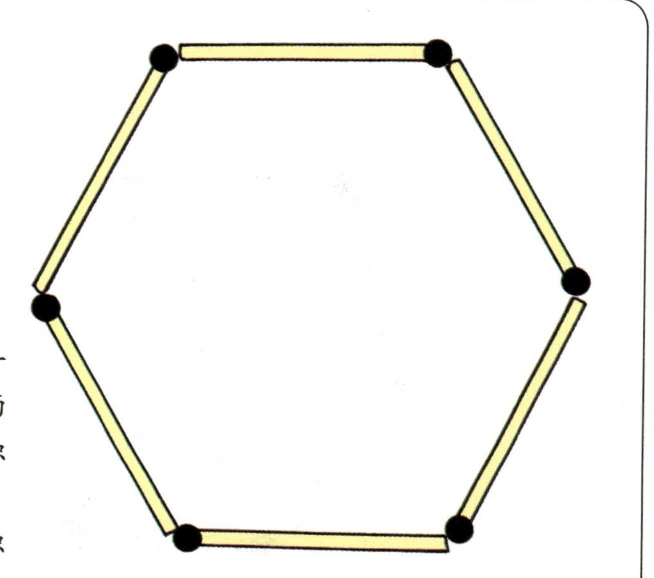

减少面积

这是用火柴摆的一个六边形，请你移动两根火柴，使图形的面积比原图减少三分之一；再移动两根火柴，面积又比原图减少三分之一。

问题

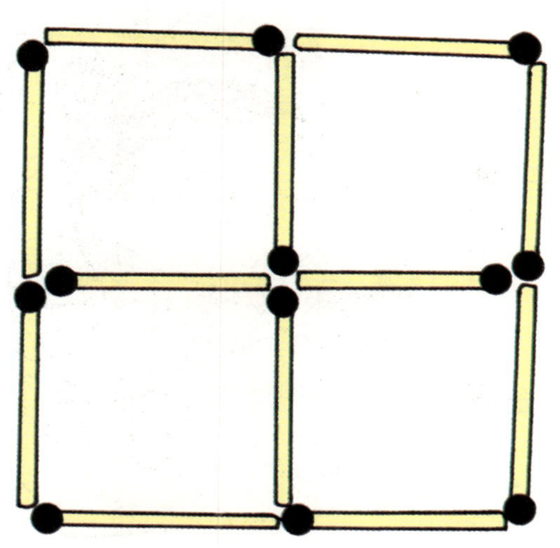

调整图形

左面的图形有1个大正方形和4个小正方形，请你重新调整一下，摆出7个正方形。你能办到吗？

答案

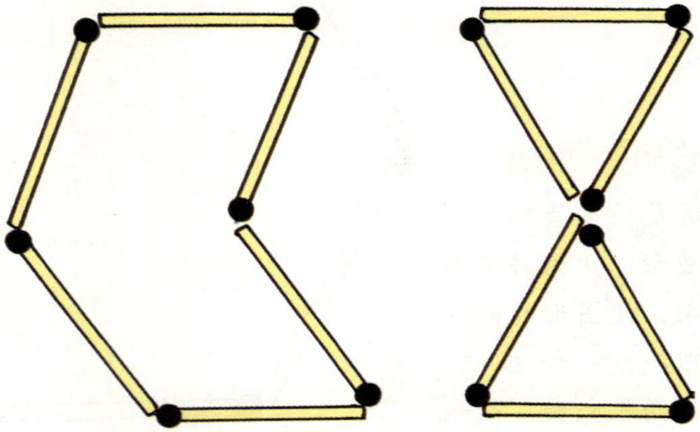

答案

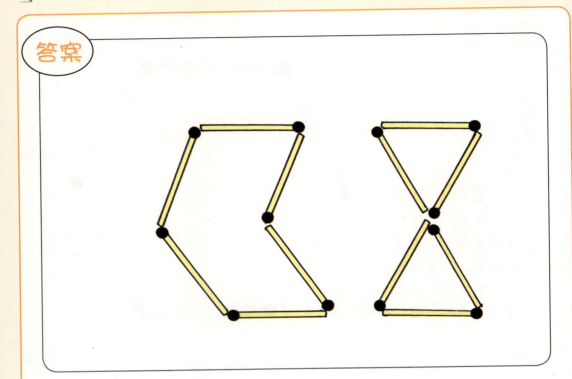

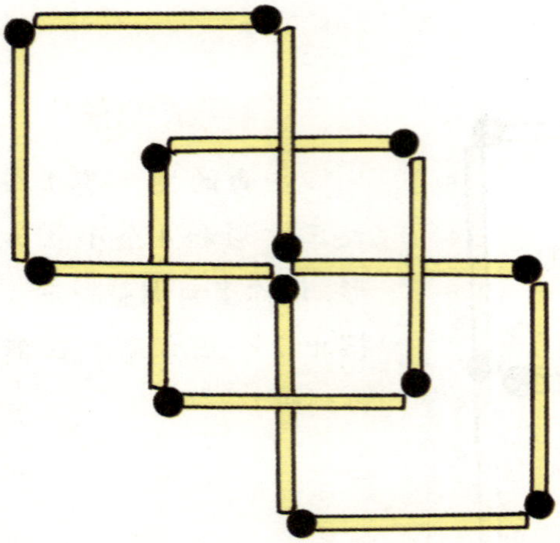

问题

面积比

我用 13 根火柴摆出下面这两个图形，面积比是 2 ：1。现在请你用这 13 根火柴摆出另外两个图形，它们的面积比仍是 2 ：1。

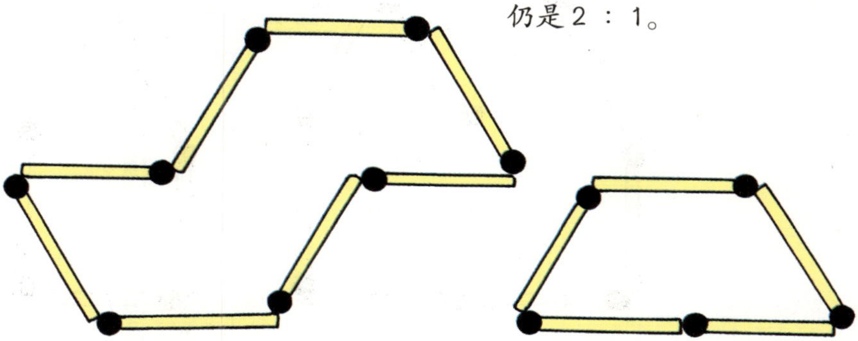

巧变三角形

这是我用 9 根火柴拼成的图形，现在请你移动 3 根火柴，使它变成 5 个三角形。你能办到吗？

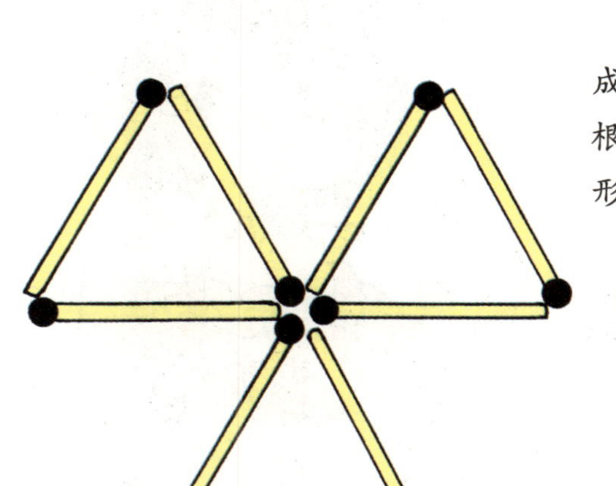

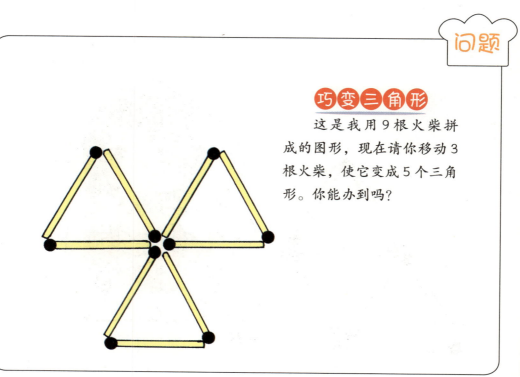

答案

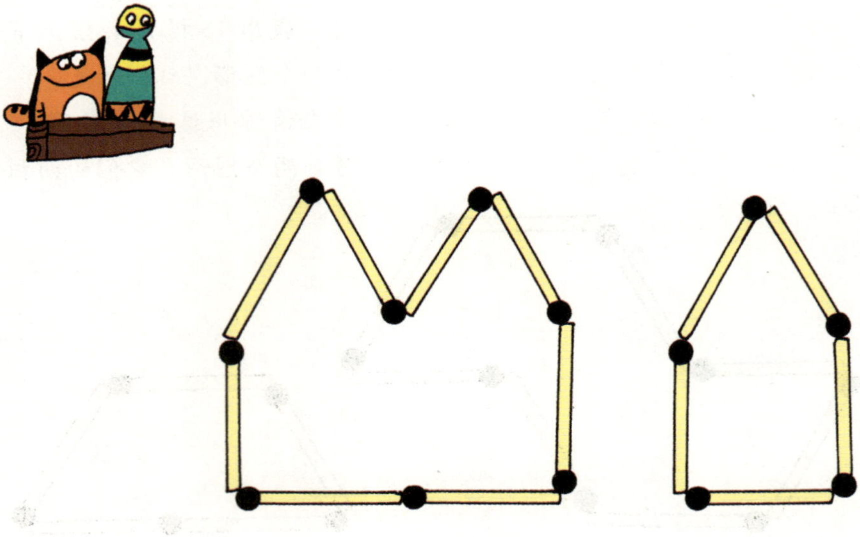

答案

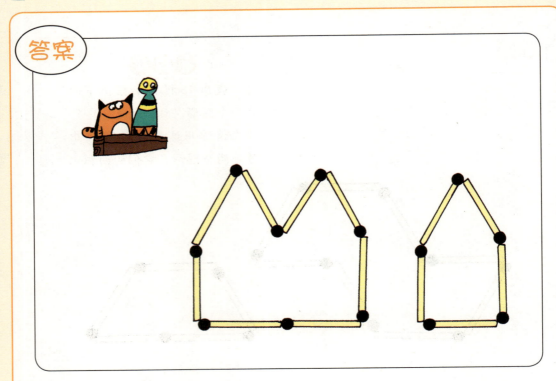

问题

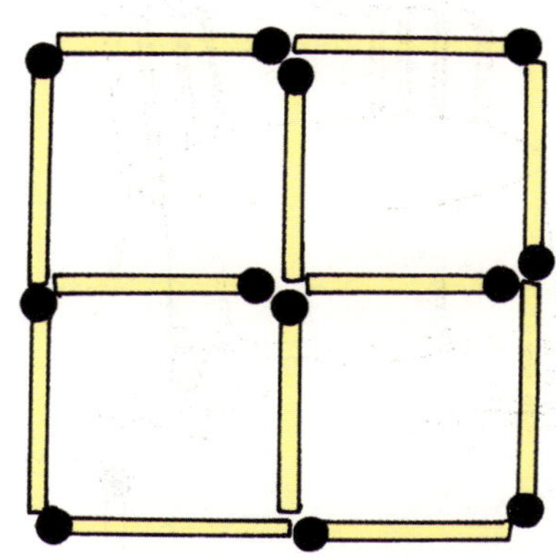

变正方形

这是我用12根火柴拼成的4个正方形，现在请你移动4根火柴，使它变成3个正方形。你会变吗?

问题

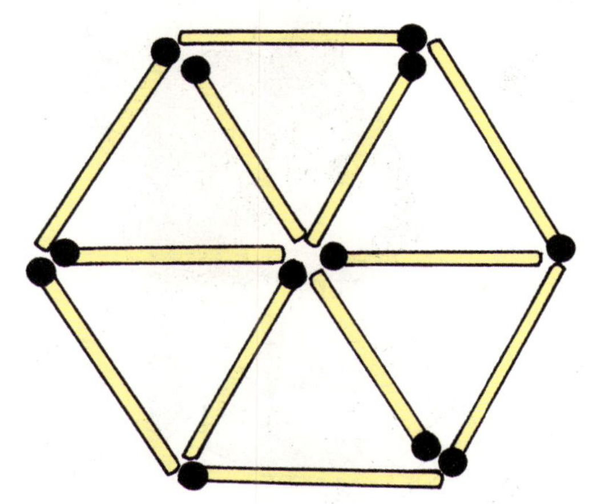

变三角形

这是我用12根火柴摆成的6个三角形，请你移动4根火柴，使它变成3个三角形。

答案

答案

问题

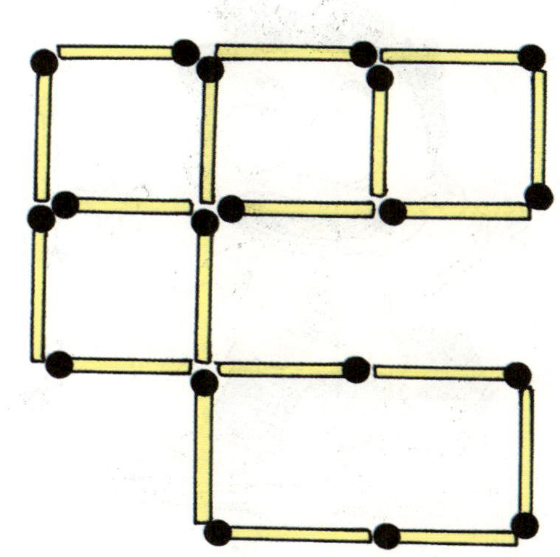

变正方形

这是用19根火柴摆成的一个图形，现在请你移动两根火柴，再减掉3根，使图形变为4个正方形。你能办到吗？

问题

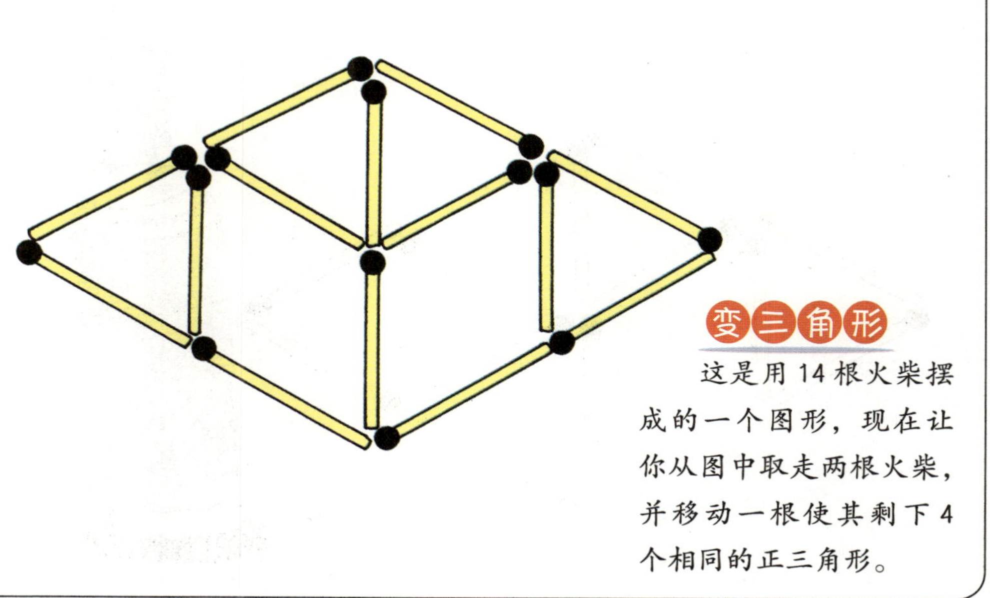

变三角形

这是用14根火柴摆成的一个图形，现在让你从图中取走两根火柴，并移动一根使其剩下4个相同的正三角形。

答案

答案

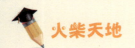

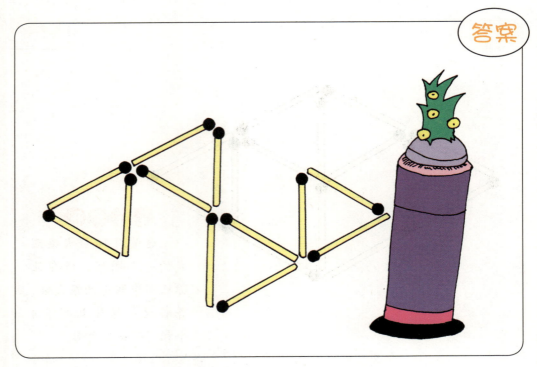

问题

公寓的改建

这是一座用火柴建成的六角形公寓。住在背面房间的人，因日照光线不足而大发牢骚，要求房东把公寓改建。房东决定移动3根火柴，改建成一座四边形，有6间屋子的公寓。改建后的公寓至少有两间屋子能在中午有阳光，其余两间在夕阳西下时也有阳光照射。

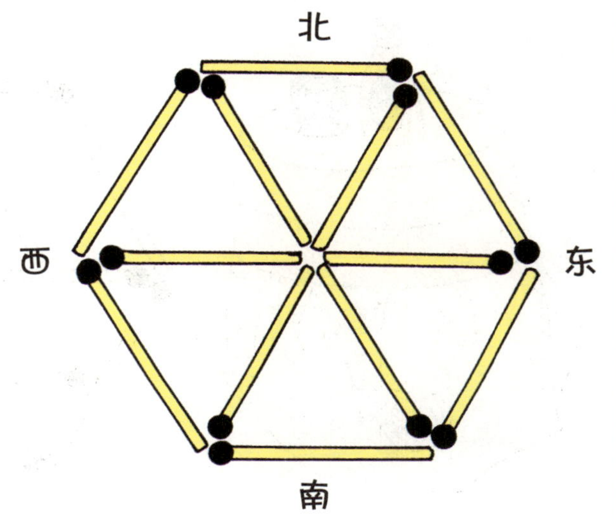

问题

建筑物变正方形

这是我用11根火柴摆成的建筑物，现请你移动两根火柴，将它变成11个正方形。你能办到吗?

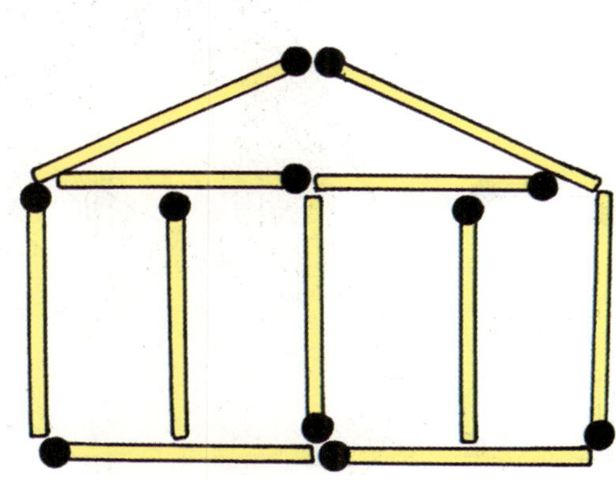

答案

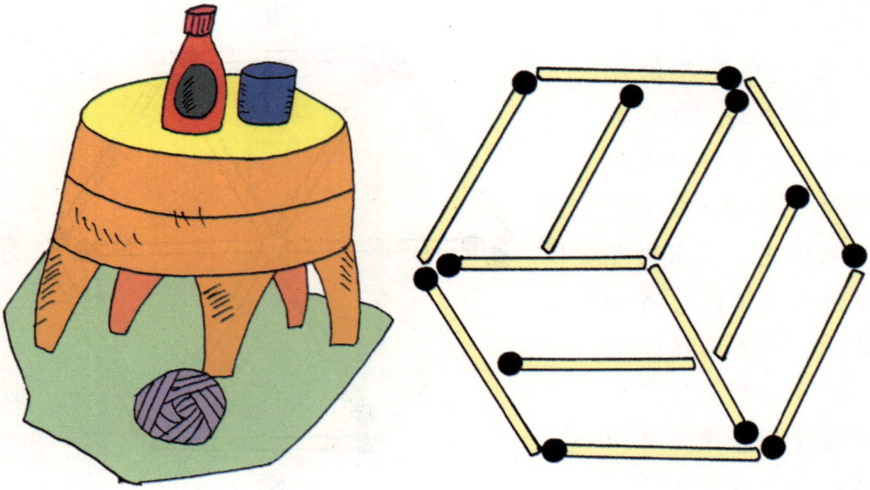

答案

问题

两个正方形

这是我用 15 根火柴摆成的图形，请你移动其中 4 根火柴，使其变成两个正方形。你应该怎样移？

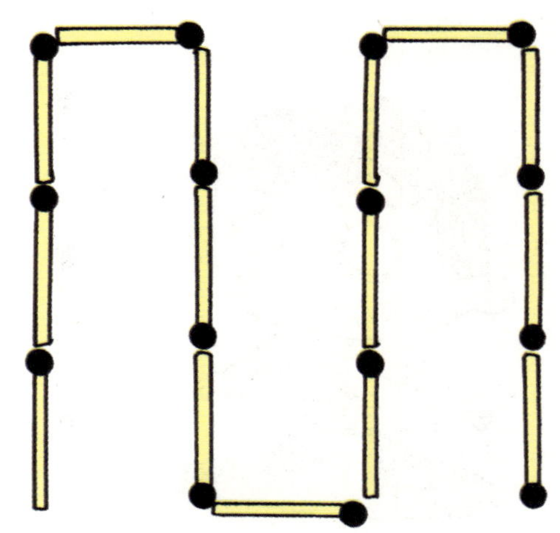

问题

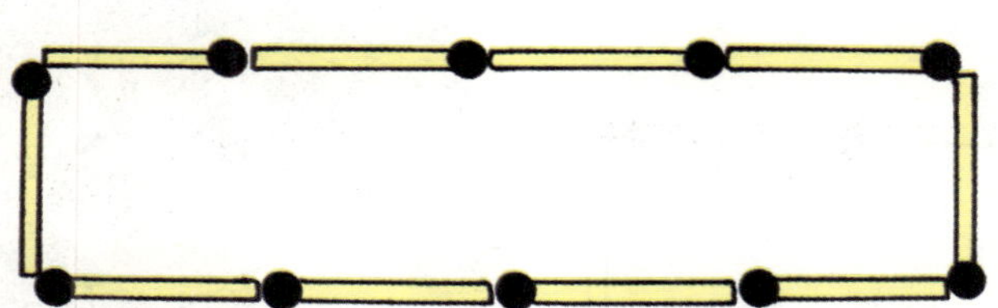

面积相同的图形

我用 10 根火柴摆出了上面的长方形。请你拿走其中的两根，要求用其余的 8 根火柴摆成一个与它面积相同的图形，你该如何摆？

答案

答案

问题

变正方形

这是我用 12 根火柴摆成的一个图形，现在请你移动其中的 3 根火柴，使它变成 3 个正方形，你该如何摆？

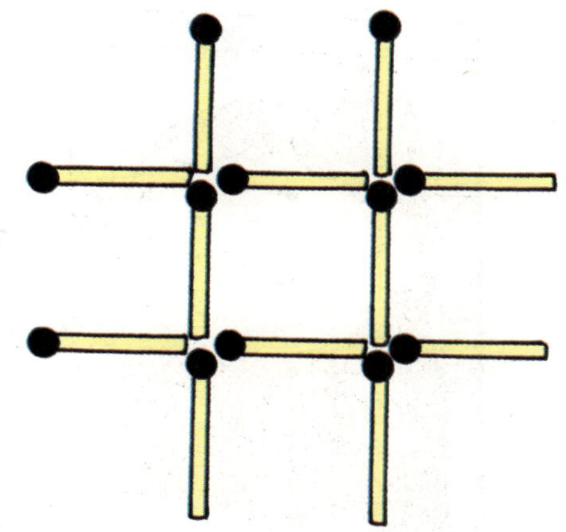

问题

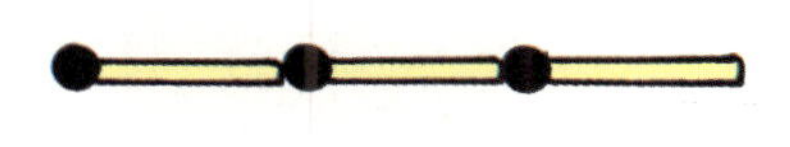

掉头

这是我用 10 根火柴摆成的一个梯形图。请你移动其中的 3 根火柴，把它倒过头来。即变成短边在上、长边在下的梯形。你能行吗？

答案

答案

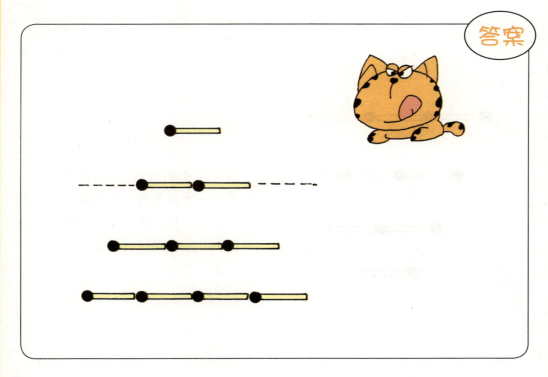

问题

四个正三角形

这是我用12根火柴摆成的6个大小相同的正三角形，请你移动4根火柴，使它变成4个相同的正三角形，请试试看，你应该如何移动呢？

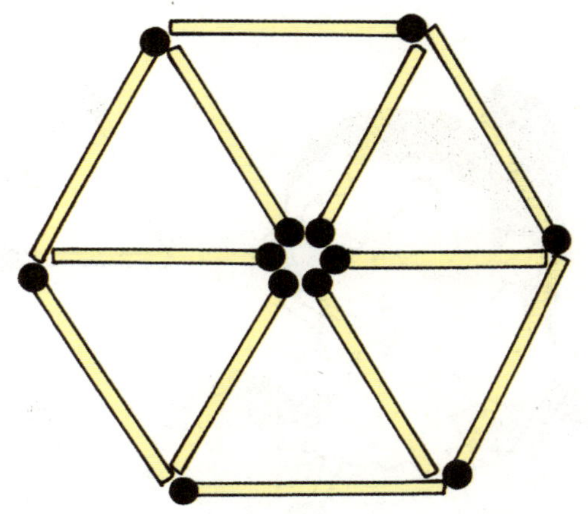

问题

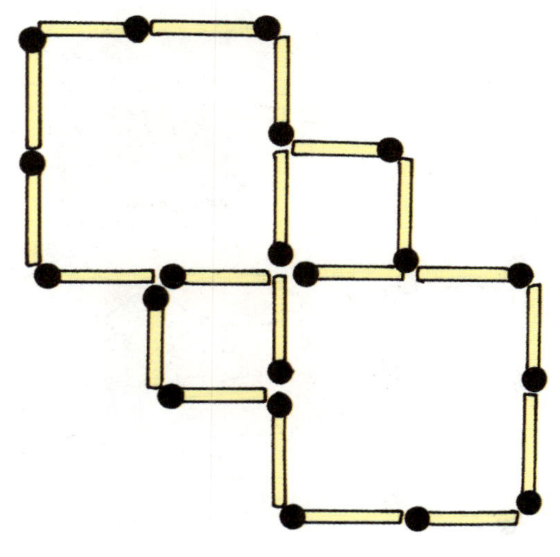

变图形

左面这个图形是用20根火柴摆成的，请移动其中的4根火柴，使它变成两个形状相同、面积也相同的图形。你能办到吗？

答案

答案

问题

变字

这是由4根火柴组成的1个“午”字。请你移动其中1根火柴，把它变成一个动物的名称。你能行吗?

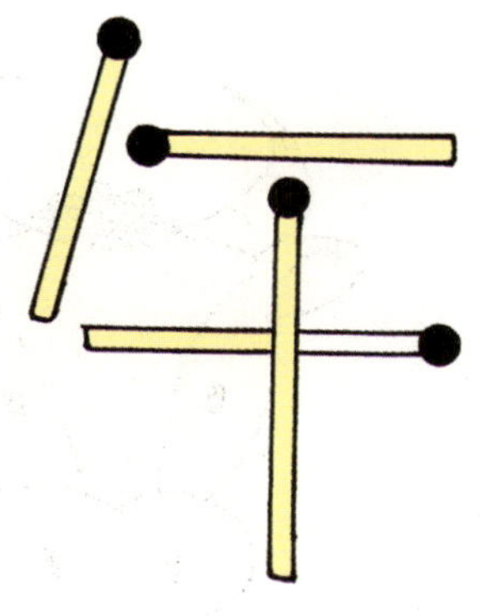

问题

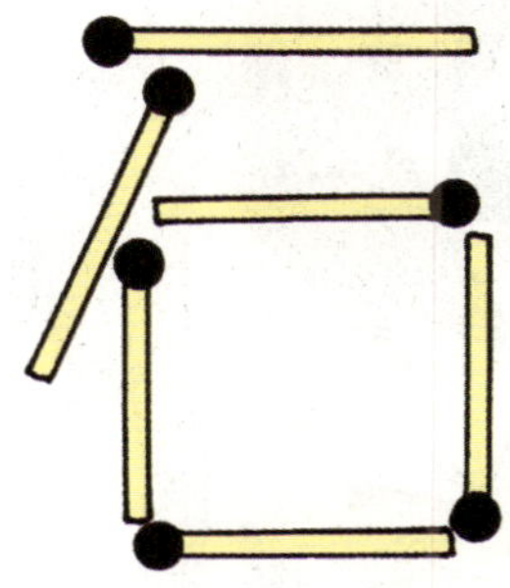

变字

这是由6根火柴摆成的“石”字。请你移动其中1根火柴，把它变成1个表示方向的字。

答案

把中间竖着的那根火柴上移，即“午”字出头为牛。

答案

石头出头为右。懂了吧！

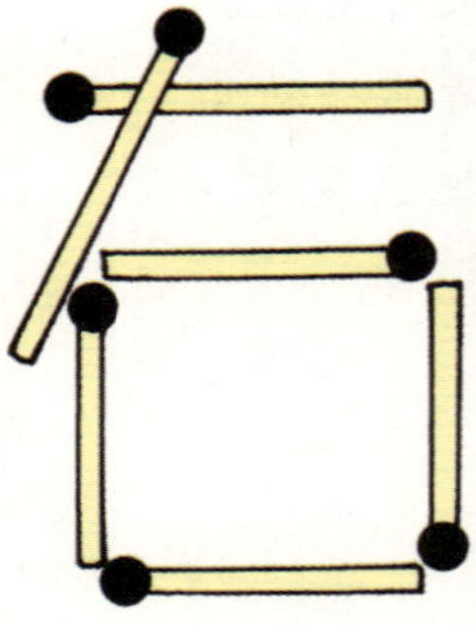

问题

变正方形

这是用火柴摆成的1个“古”字，现在请你只移动两根火柴，把它变成3个正方形。你能办到吗?

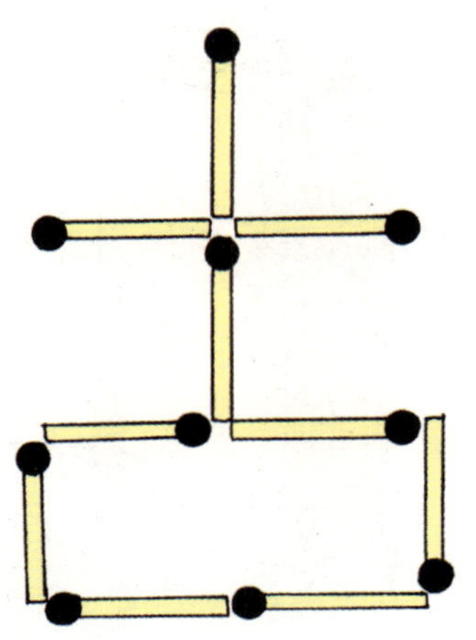

问题

图形变字

这是用3根火柴摆成的一个图形，现在再给你两根火柴，请在这个图形上拼出一些文字来。

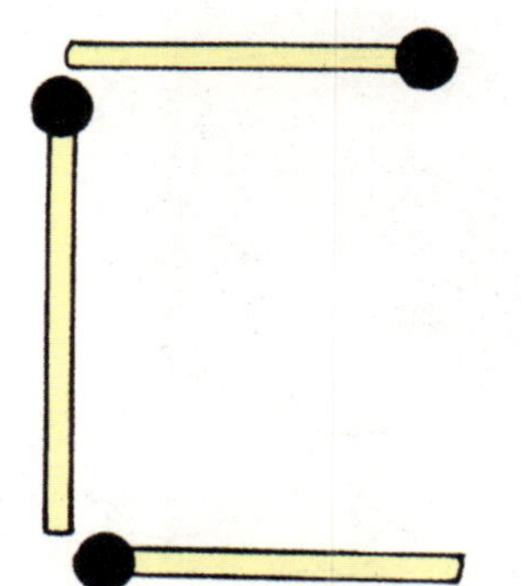

答案

这样不就行了嘛！

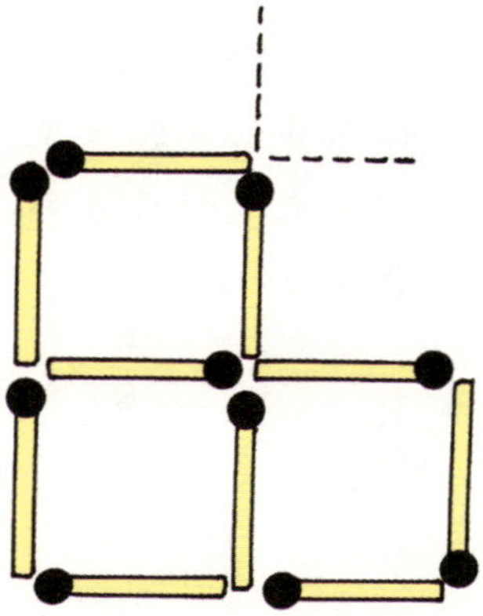

答案

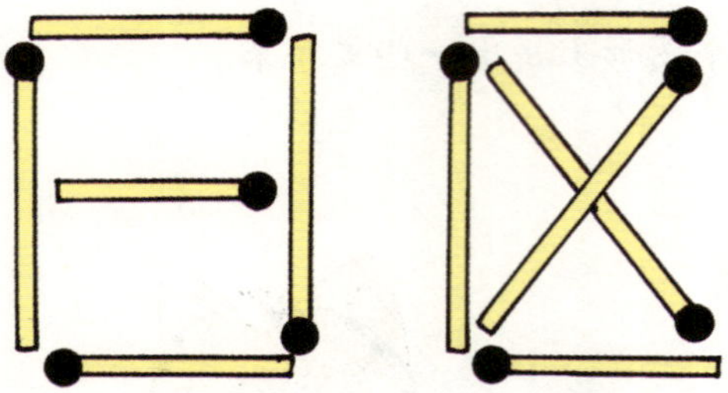

“日” “区”

问题

这是用火柴摆成的一个“男”字，请你拿掉5根火柴，移动1根火柴，使其变成一个“女”字，应当怎样移动呢？

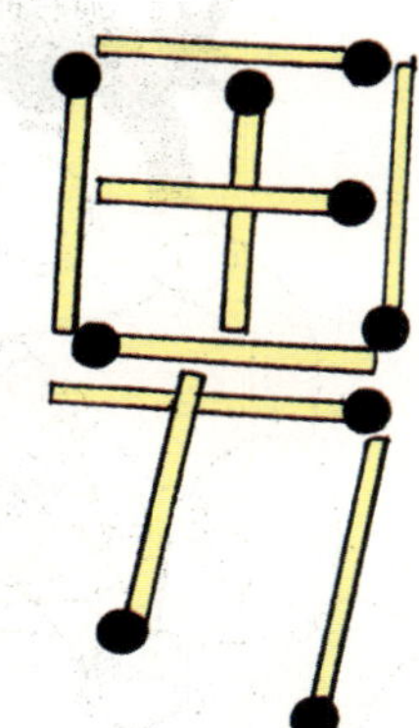

问题

变字

这是用6根火柴摆成的一个“甲”字。现在请你移动1根火柴，让它变成一个代表颜色的字。你能行吗？

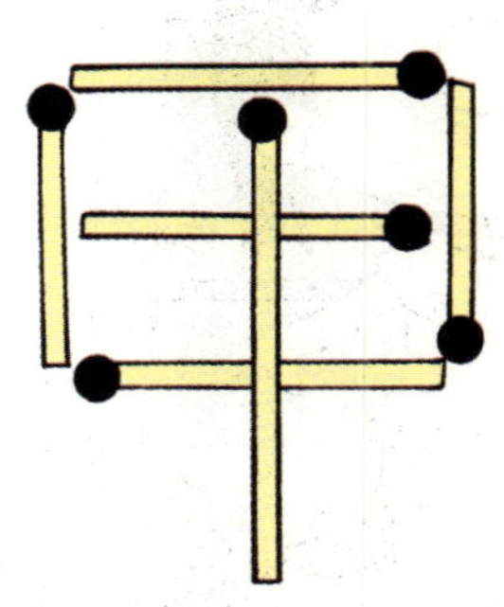

答案

答案

问题

变字

这是我用6根火柴摆的“汗”字，现在请你移动1根火柴，把它变成另一个汉字。你能办到吗？

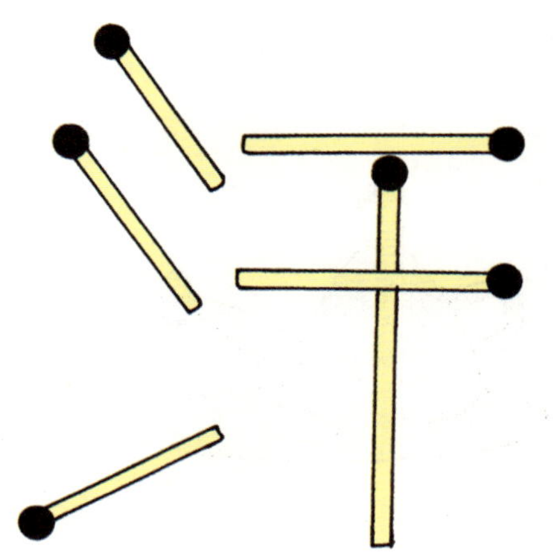

问题

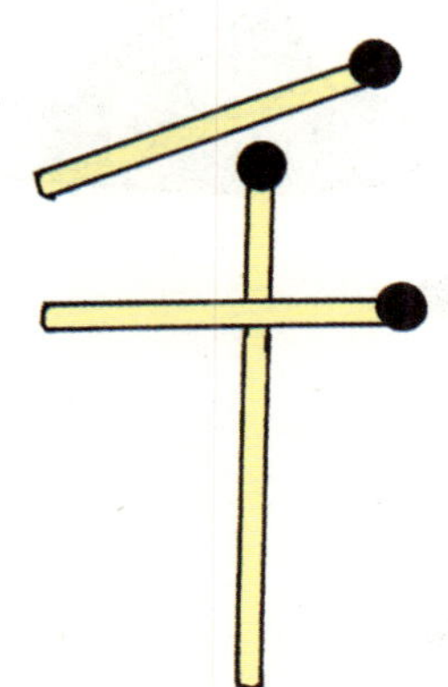

变汉字

这是由3根火柴摆成的“千”字。现在请你移动1根火柴，至少能变出两个不同的汉字来。你能行吗？

答案

看，这样就把“汗”变成了“江”字。

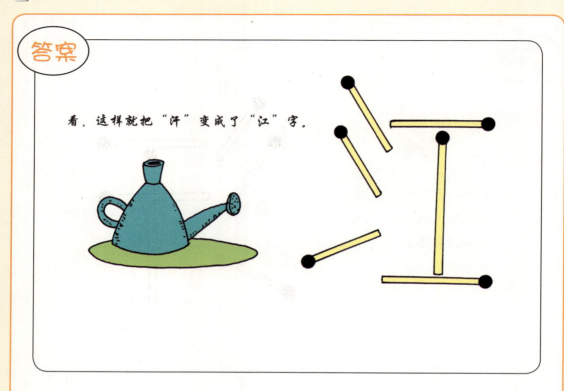

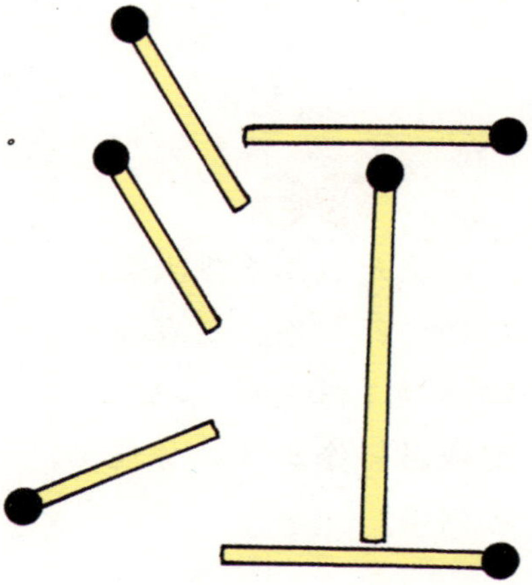

答案

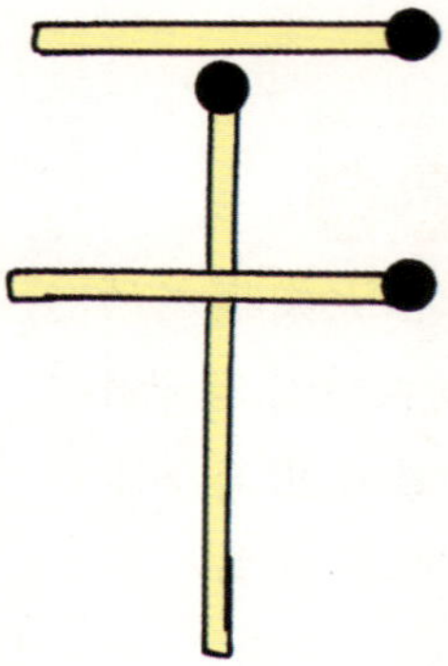

“干”

“土”

酒杯变字

这是一个酒杯图形。请你移动1根火柴，把它变成一个字。你能行吗？

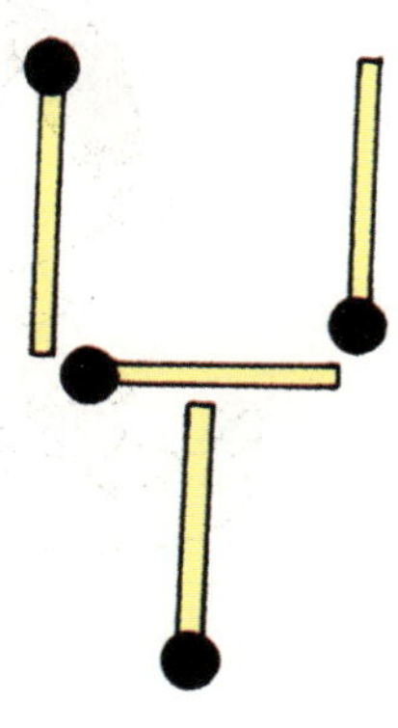

问题

图形变字

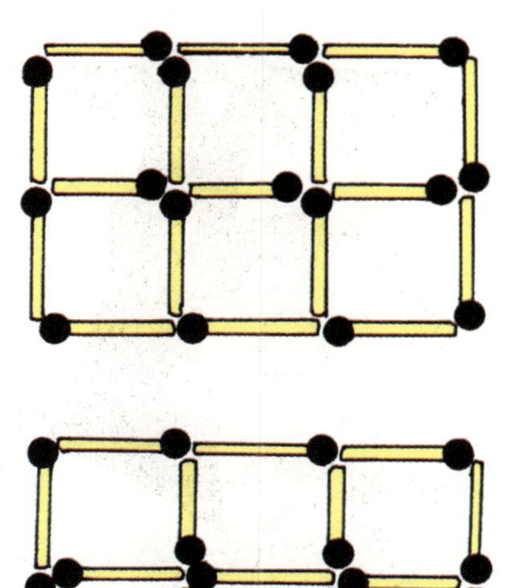

这里有两个用火柴摆成的一模一样的图形。现在要求你分别从每个图形中取出两根或9根火柴，把它们变成两个表示方向的字。你能完成吗？

答案

变为一个“口”字

答案

这是由5根火柴组成的1个“失”字。请你只移动其中1根火柴把它变成另一个汉字。

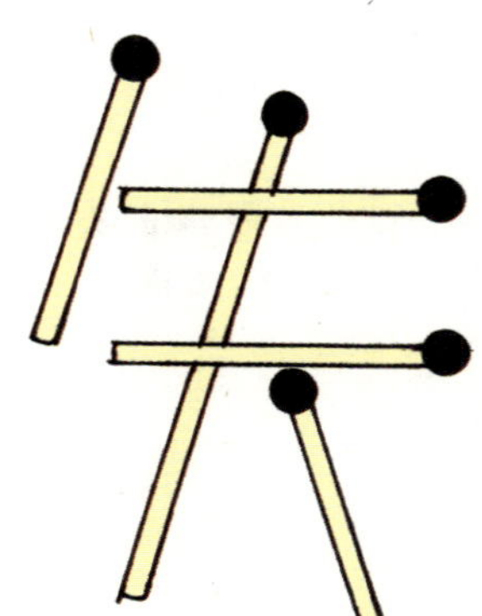

问题

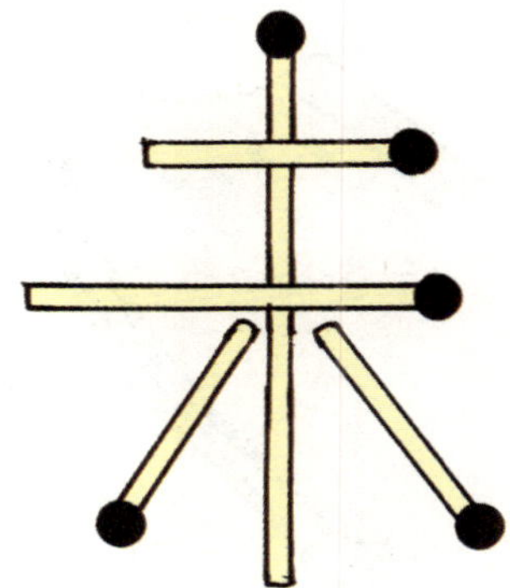

这是由5根火柴摆成的1个“未”字。请你移动其中1根火柴，把它变为另外一个汉字。

答案

把中间那根出头的火柴下移，“失”就变成了“矢”字。

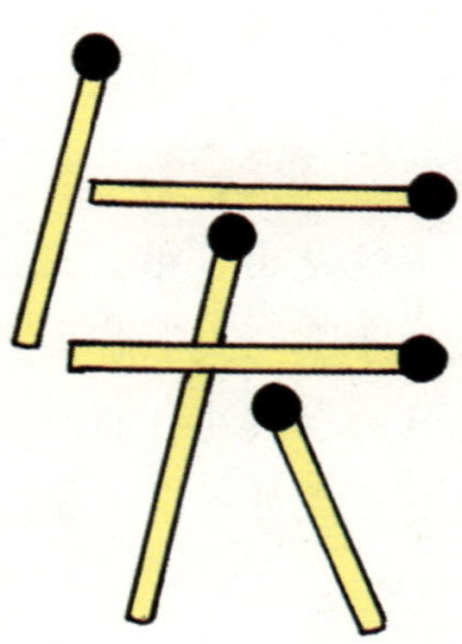

答案

把上面横着的那根火柴下移，“来”就变成了“本”字。

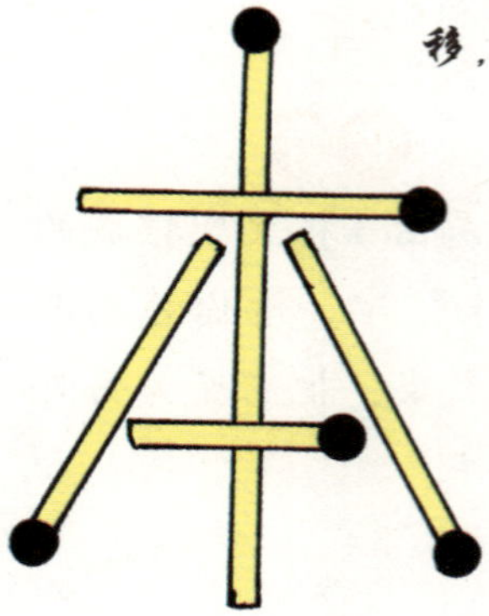

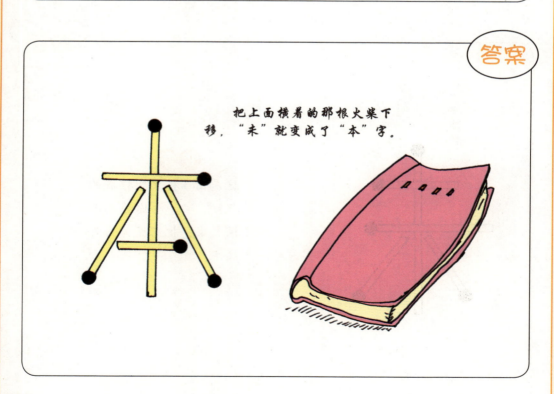

问题

变国名

这是我用20根火柴摆成的数字"1990"，现在我要求你拿掉1根火柴，把剩下的火柴重新摆成两个汉字，这两个汉字是一个国家的名字。你能行吗？

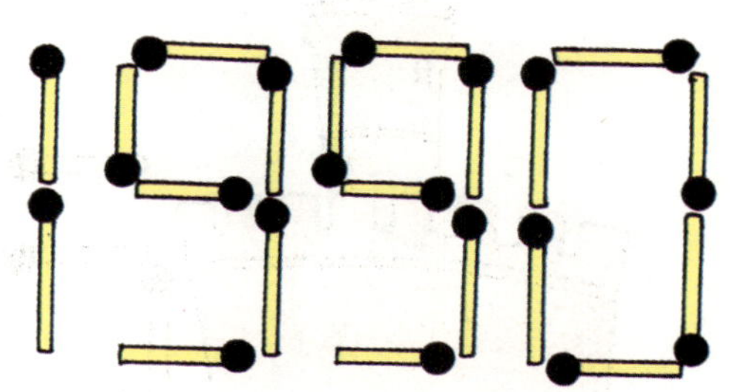

问题

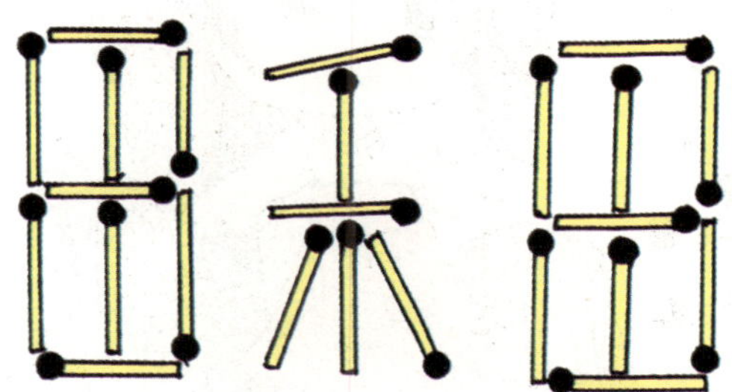

变成语

左面3个字"田、禾、田"是用24根火柴组成的。移动其中的4根火柴，它们就会变成一个成语。你会移吗？

答案

这样就行了！

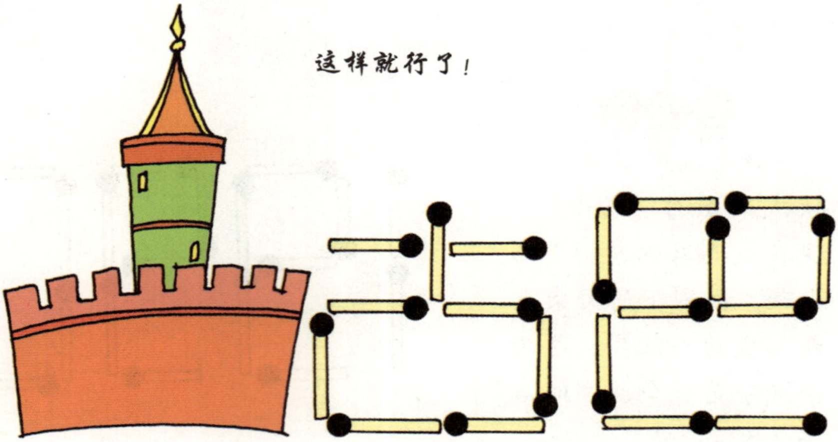

答案

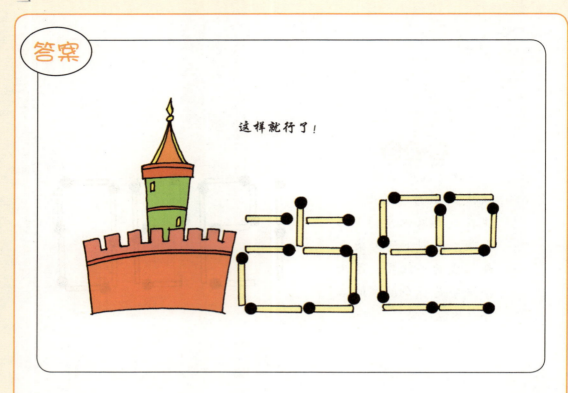

问题

这是我用 8 根火柴摆成的一个汉字。请你移动 1 根火柴，把它变成另一个汉字。你能办到吗？

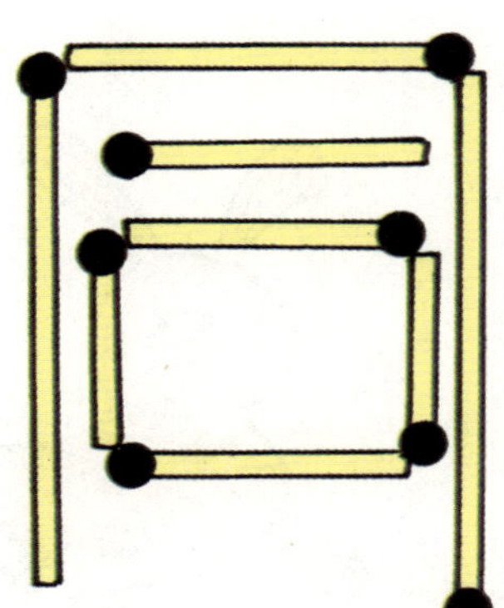

问题

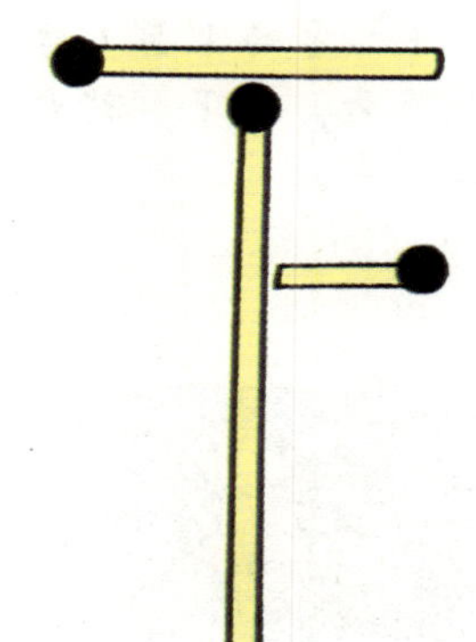

这是由 3 根火柴组成的汉字“下”，现在请你移动 1 根火柴，变成同样表示方向的汉字。你能办到吗？

答案

看，这样就把“同”变成了“回”字。

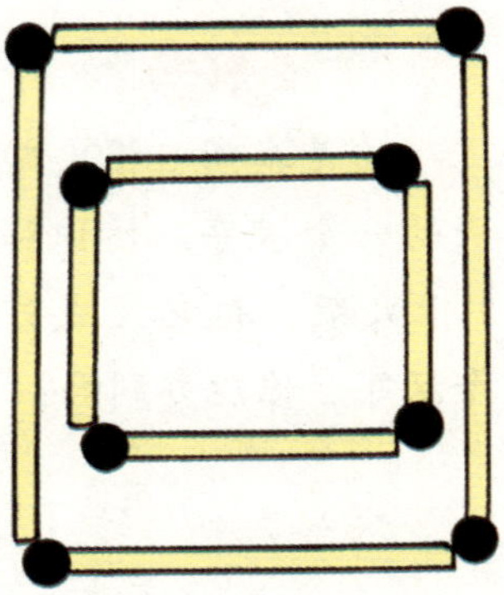

答案

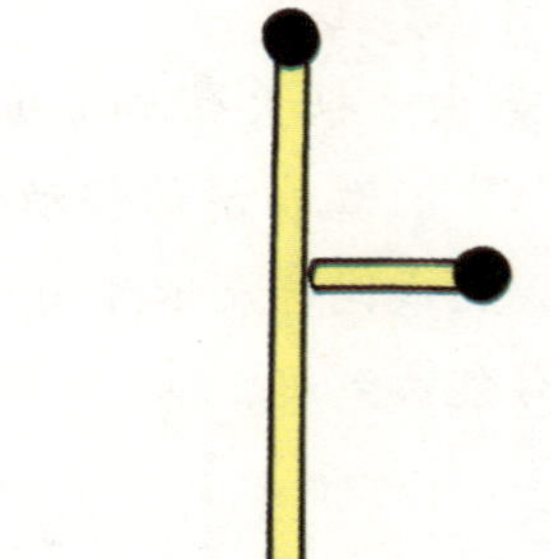

把“下”字的上面1根火柴移到下面，“下”就变成了“上”字。

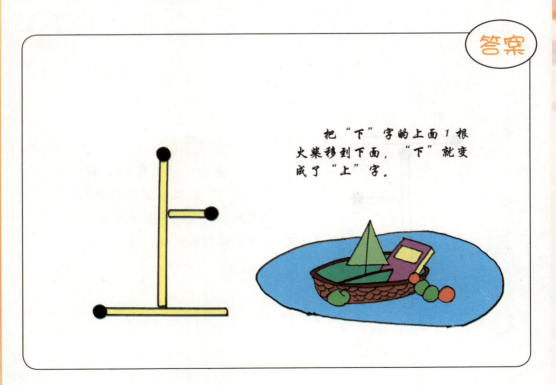

问题

变汉字

这是用7根火柴摆成的“日”字，请你在不添加和减去的情况下，只移动两根火柴，把它变成另一个汉字。你能办到吗？

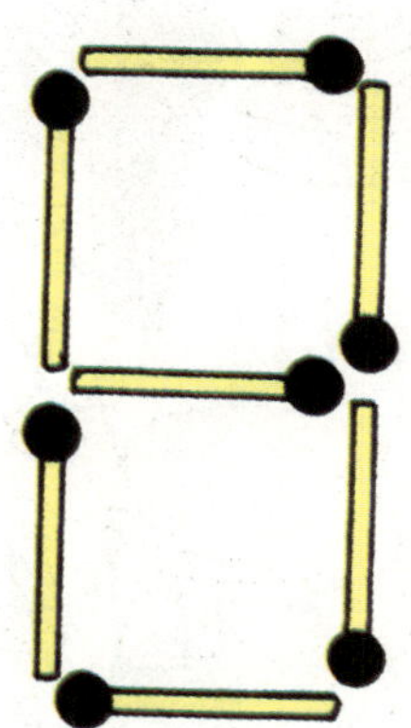

问题

变字

这是我用14根火柴组成的1个图形，现在要求你加进3根火柴，把这个图案变成两个汉字，该怎么做？

答案

这是两个“凸”字。

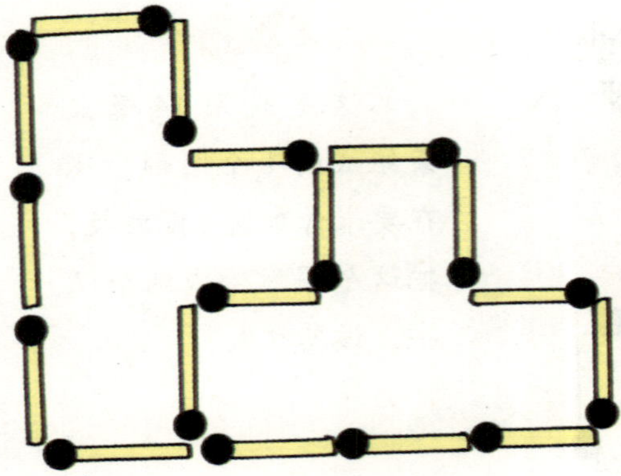

问题

这是由7根火柴摆成的“自”字。现在我想请你移动1根火柴，把它变成另一个汉字，你能行吗？

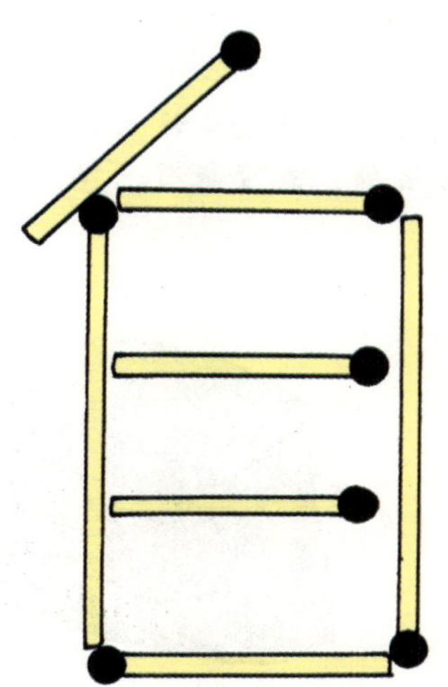

这是由4根火柴摆成的“开”字。现在请你移动1根火柴，把它变成另一个汉字。

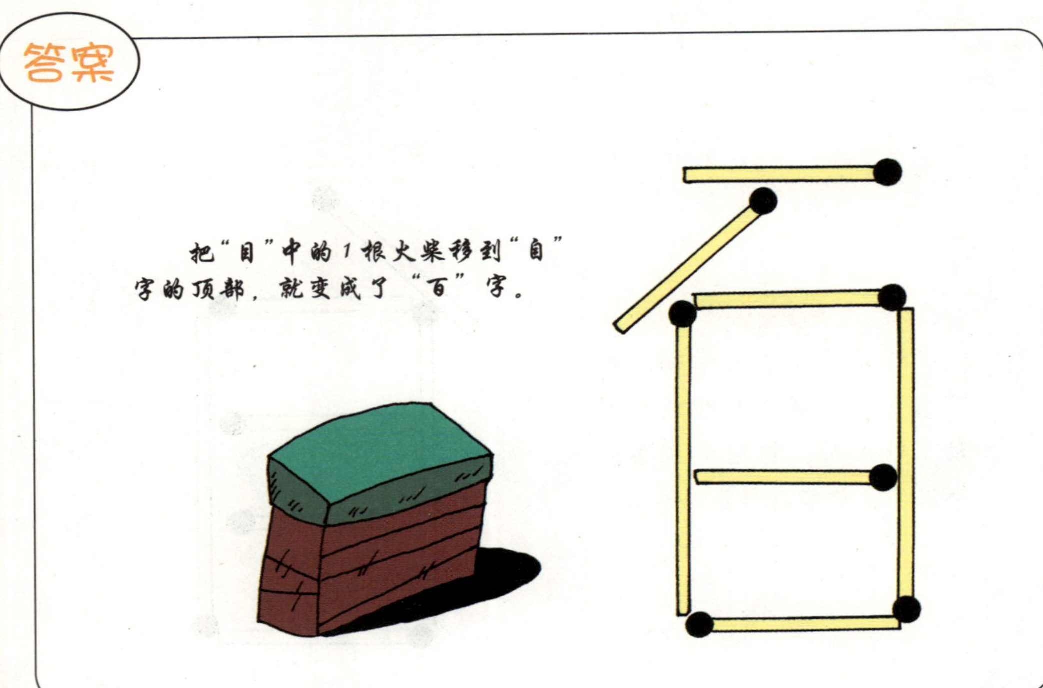

答案

把“目”中的1根火柴移到“自”字的顶部，就变成了“百”字。

答案

把“开”字上横着的1根火柴下移，“开”就变成了“井”字。

问题

变汉字

这是由6根火柴摆成的1个汉字。现在请你移动1根火柴，让它变成另外的汉字，你会移吗？

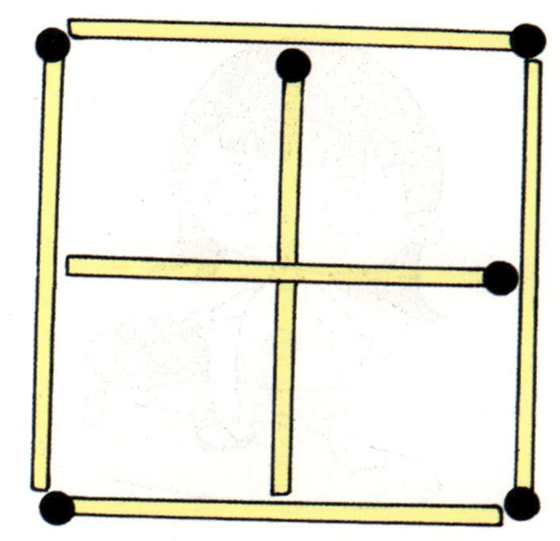

问题

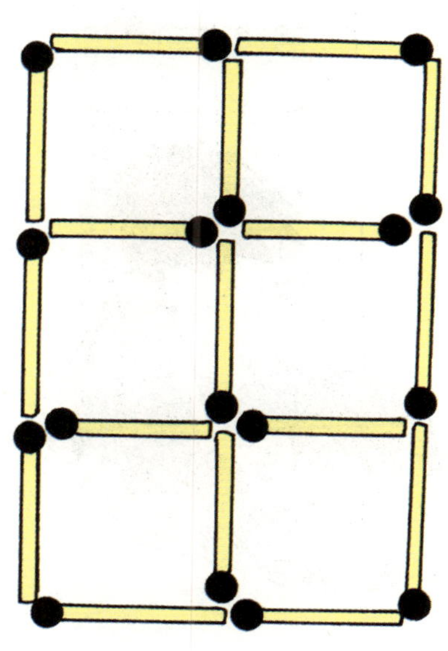

变汉字

这是1个很普通的图形，不过你要是移动3根火柴，它就会变成1个汉字。你会移吗？

答案

“旧”字

答案

“电”字

问题

零变字

这是用火柴摆成的两个数字“0”，请你移动两根火柴，把这两个“0”变成一个汉字。你会变吗？

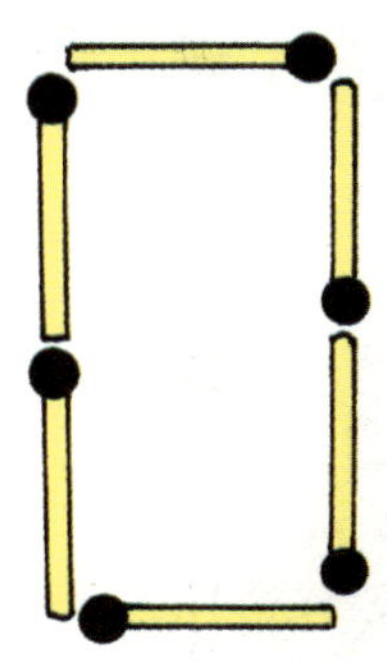
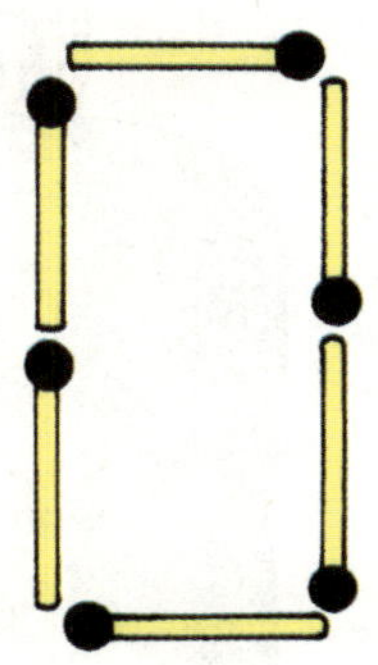

问题

变汉字

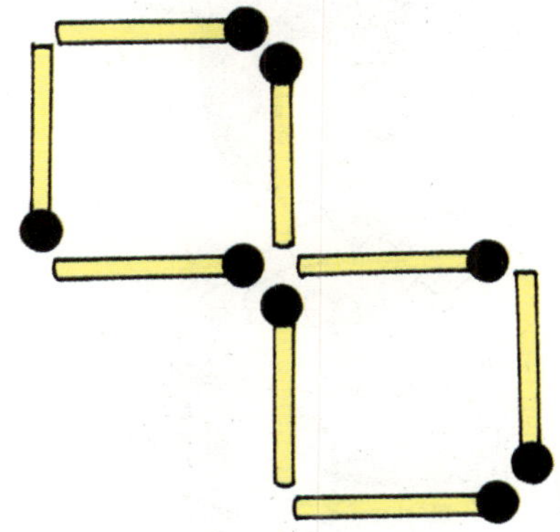

这是用8根火柴摆成的两个正方形，请你移动两根火柴，把这个图形变成1个汉字。你能做到吗？

答案

明白了吧！

答案

“王”字

问题

图形变字

这是一个环状图形，请你移动两根火柴，把这个图形变成1个汉字。你能办到吗？

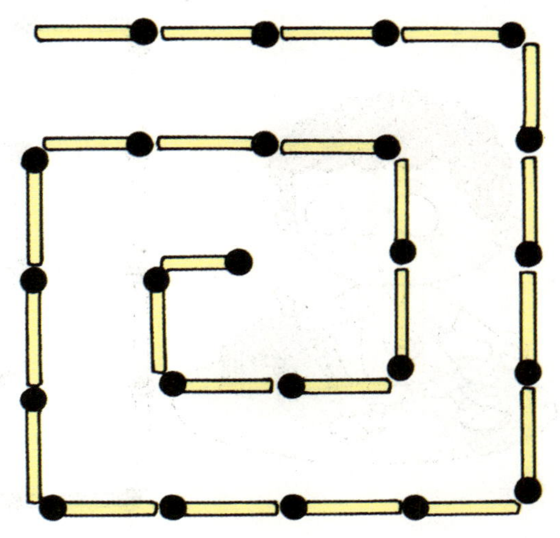

问题

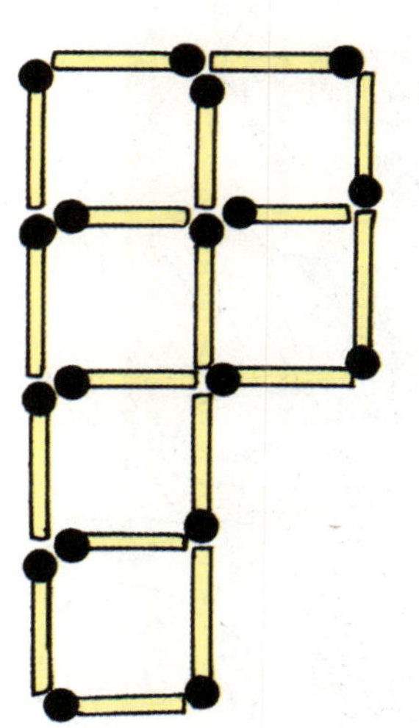

变汉字

这是由18根火柴摆成的一个图形，现请你移动两根火柴，使它变成一个汉字。你能摆出一个什么汉字？

答案

"回"字

答案

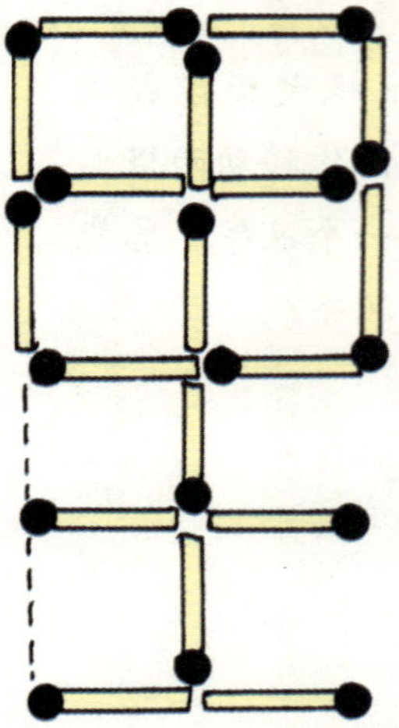

"里"字

问题

变汉字

这是由4根火柴摆成的“口”字，请你移动1根火柴变成另一个汉字。你能办到吗？

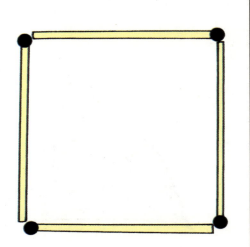

问题

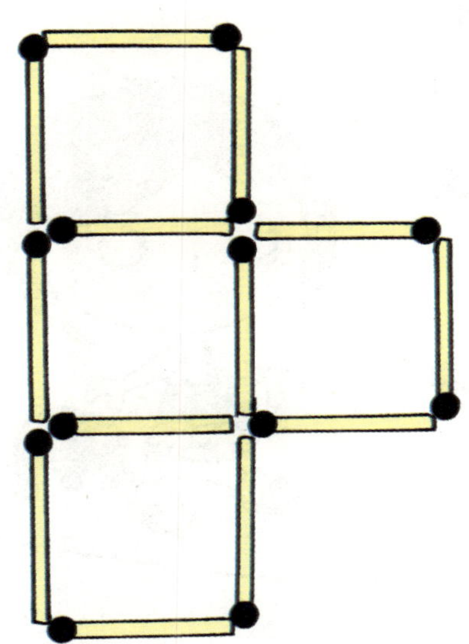

什么字

这是我用火柴摆成的一个图形，移动两根火柴，可以把这个图形变成一个字。是一个什么字呢？

答案

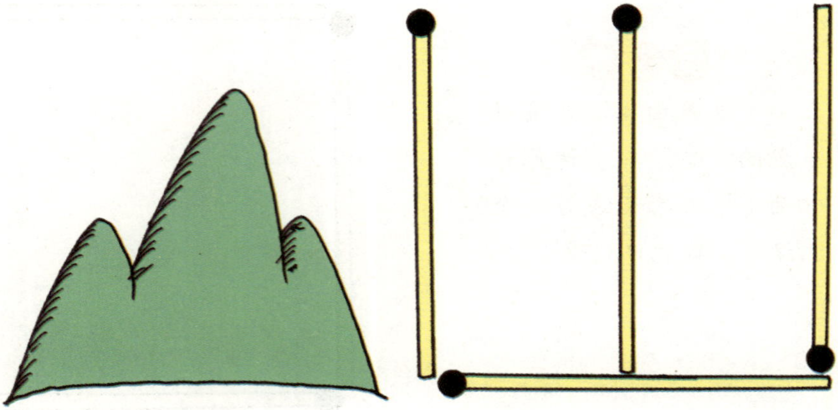

"山"字

答案

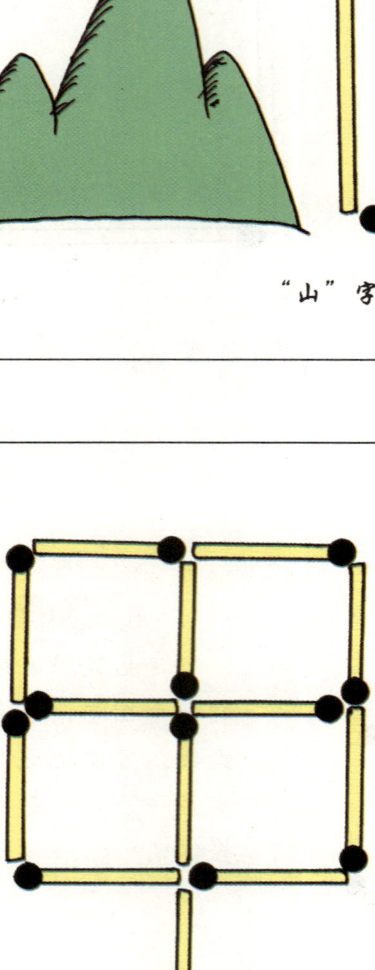

"甲"字

问题

这是我用 8 根火柴摆成的一个“环”字，现在请你移动 1 根火柴，使它变成另一个汉字。你能办到吗？

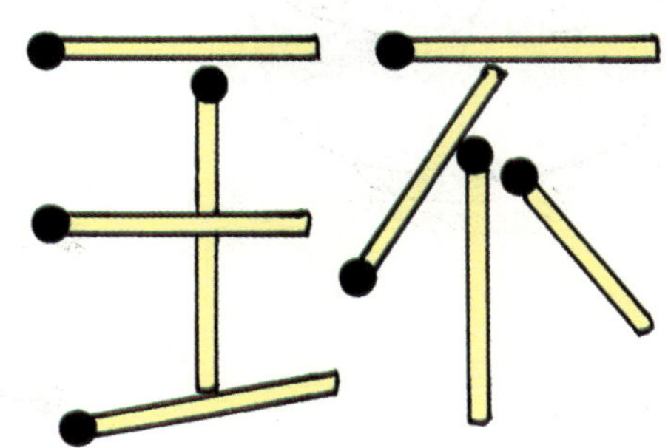

问题

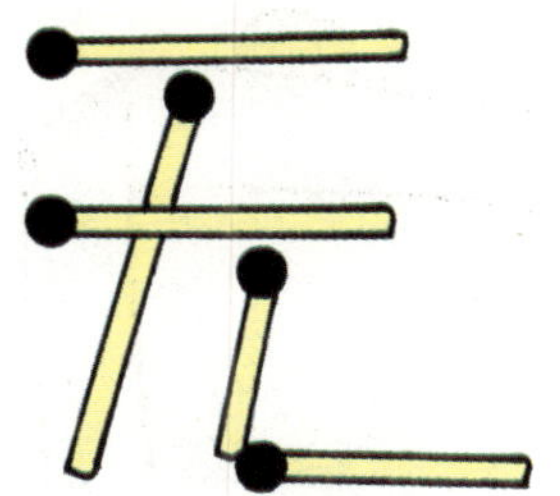

移火柴变字

这是我用 5 根火柴摆成的一个“无”字，现在请你移动 1 根火柴，使它变成另外一个汉字。该怎么移？

答案

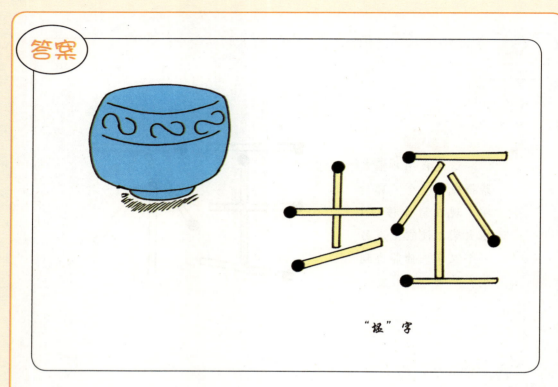

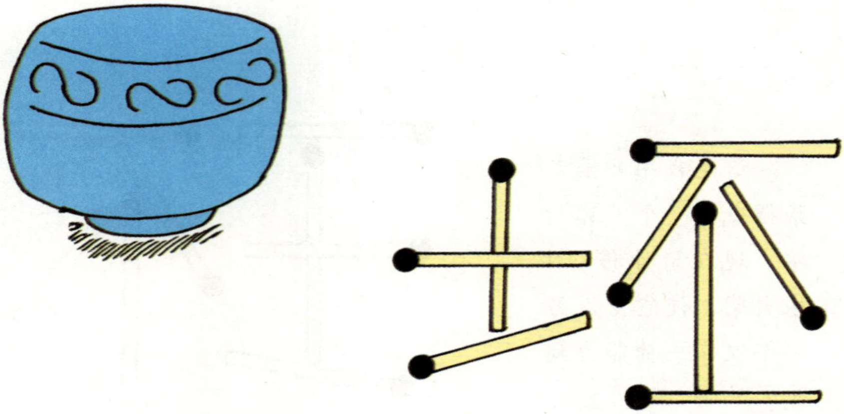

“坯”字

答案

把左面竖着的那根火柴下移，即变为“元”字。

问题

变字

这是用8根火柴摆成的“估”字，请你移动1根火柴，使其变成另外一个汉字。该怎么移？

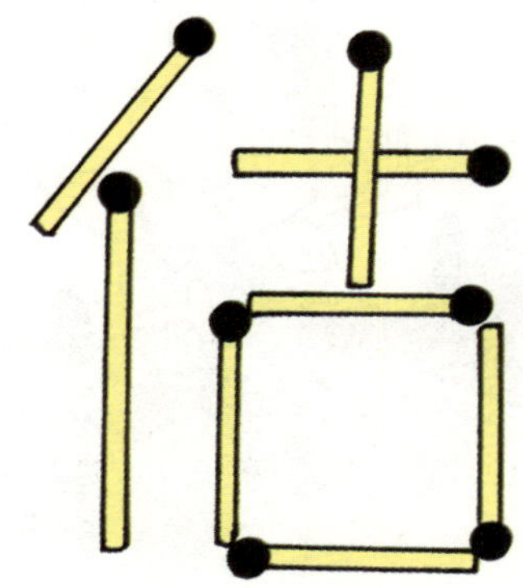

问题

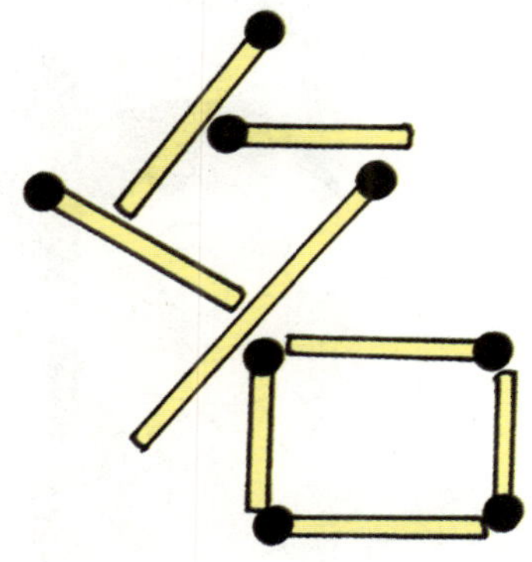

变汉字

这是我用8根火柴摆成的“名”字，请你移动1根火柴，使其成为另一个汉字。你能办到吗？

答案

“估”字

答案

“各”字

问题

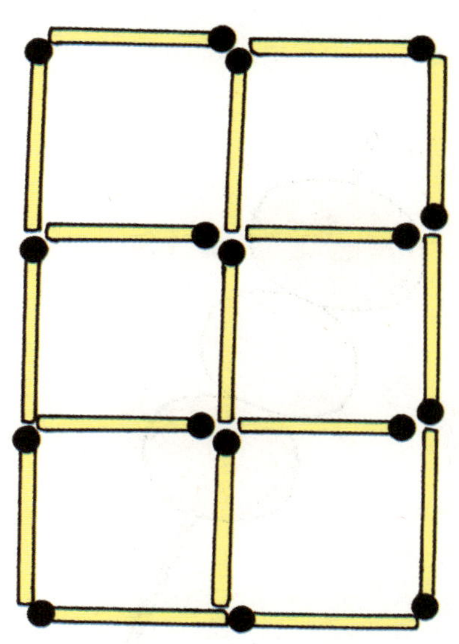

图形变汉字

这是我用 17 根火柴摆成的一个图形，现在请你移动两根火柴，把这个图形变成一个汉字。

问题

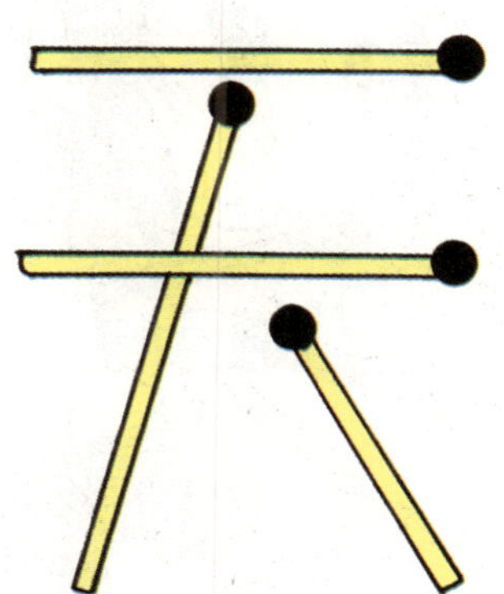

变汉字

这是我用 4 根火柴摆成的“天”字。请你移动 1 根火柴，让它变成一个称谓性的字。你能办到吗？

答案

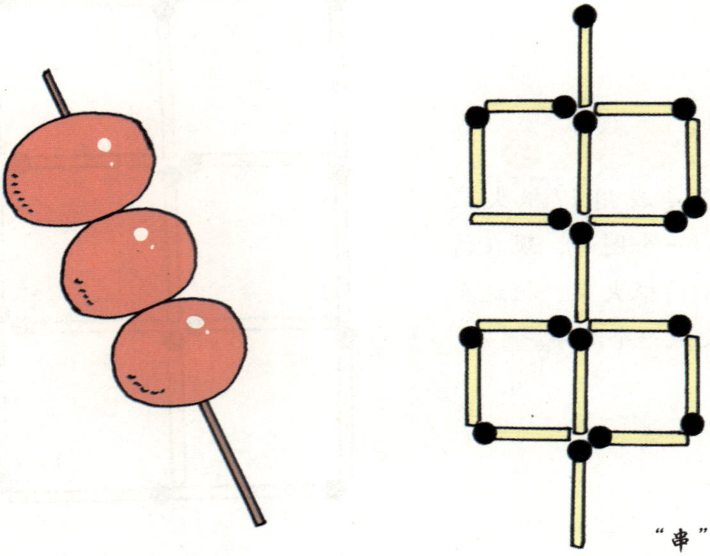

"串"字

答案

"夫"字

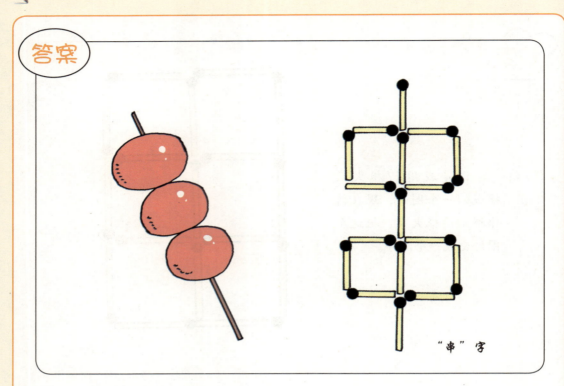

问题

数字变汉字

这是用 10 根火柴摆成的数字“101”。请你移动 4 根火柴，把这个数字变成一个汉字。你会移吗?

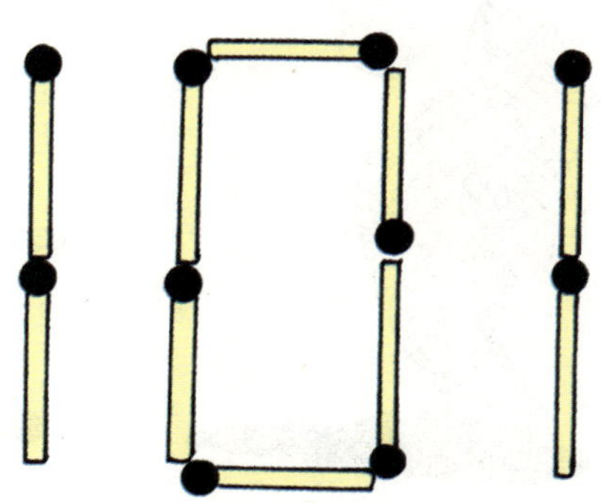

问题

变两个字

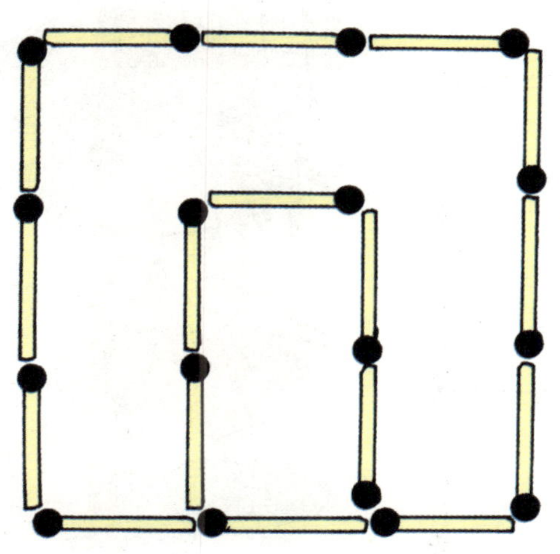

这是我用火柴摆成的一个图形，现请你移动两根火柴，把图形变成一正一反两个字，这两个字的意义是相反的。

答案

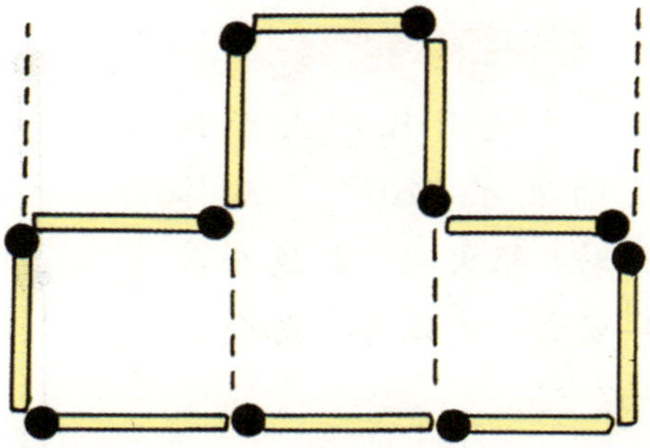

"凸"字

答案

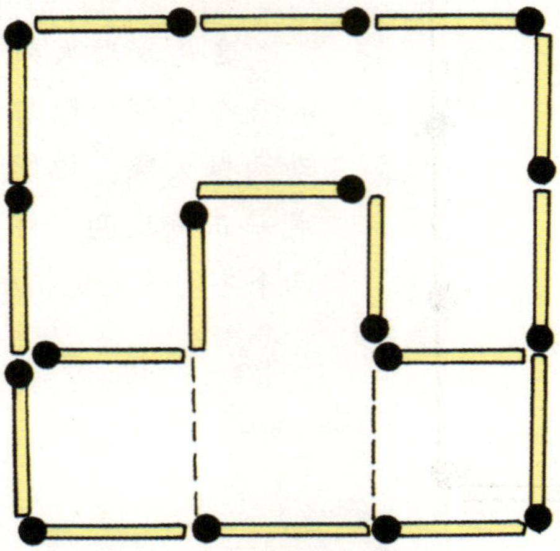

摆成"凹""凸"两个字

问题

变词组

这是我用9根火柴摆成的两个图形。请你移动其中两根火柴，把图形变成两个字的词。你能办到吗？

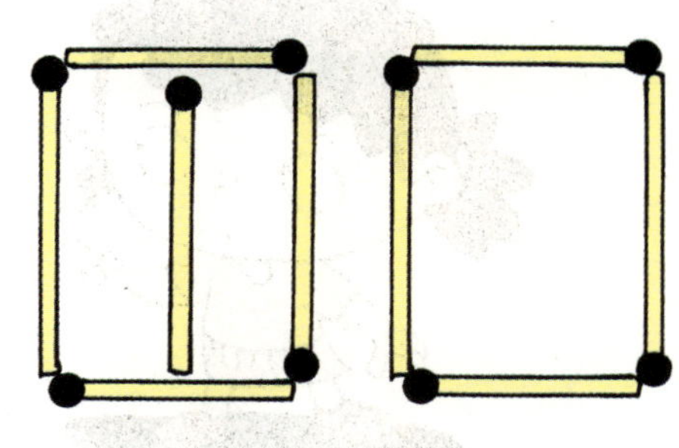

问题

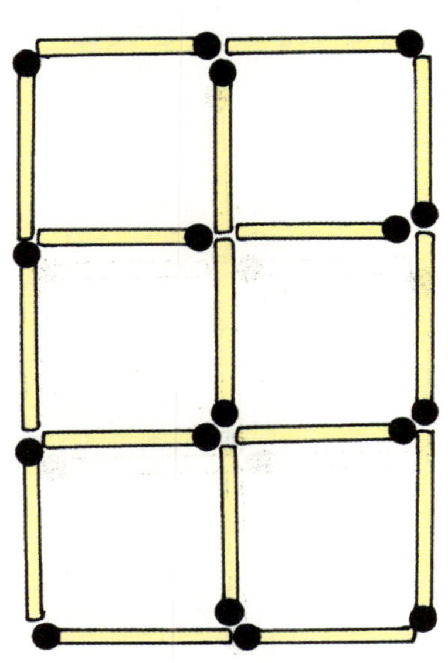

剩下的是字

这是我用17根火柴摆的一个图形，请你拿掉4根火柴后，剩下的就是一个字；再拿掉4根，剩下的还是一个字。你会移吗？

答案

组成"山区"

答案

第一次拿掉4根变成"由"字，
第二次拿掉4根变成"中"字。

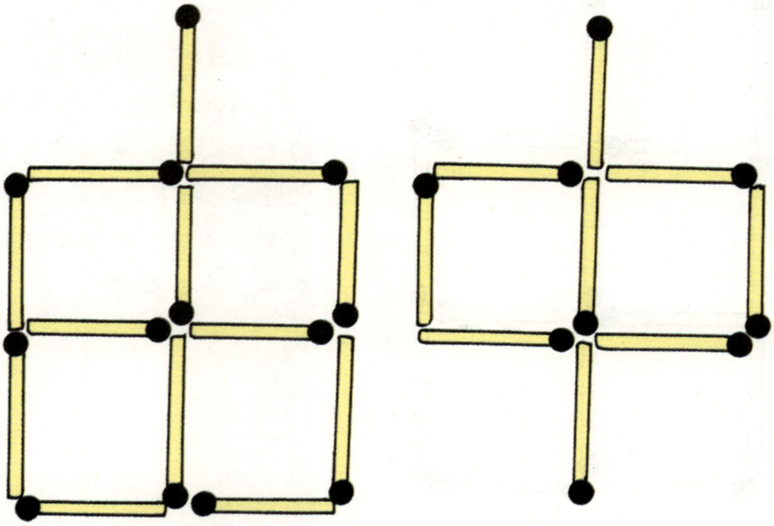

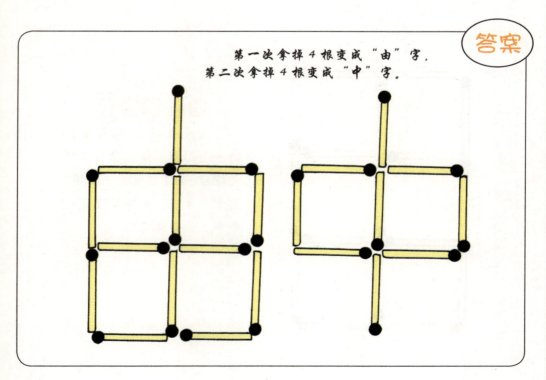

问题

组词

这是我用15根火柴摆成的一个图形，请你移动3根火柴，把图形变成两个字的词。你能行吗？

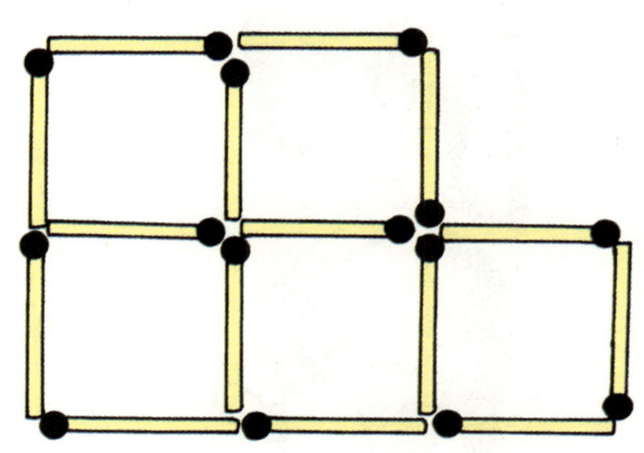

问题

变字

这是用7根火柴摆成的一个简单图形。你能移动3根火柴，把图形变成一个字吗？

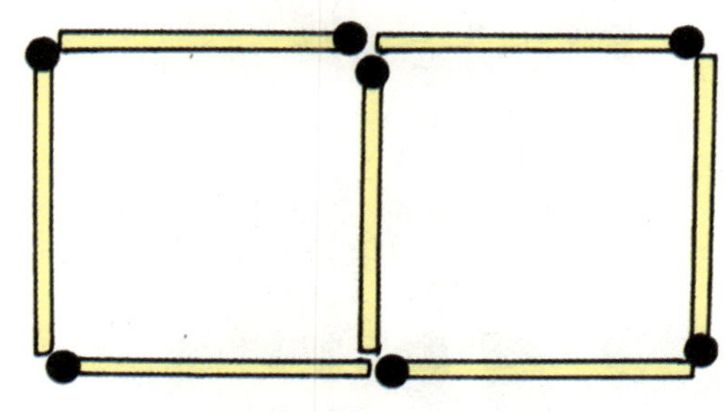

答案

组成"白""日"二字。

答案

问题

变等式

这是一道加法等式题，现在请你移动两根火柴，使其变为减法等式题。你能行吗？

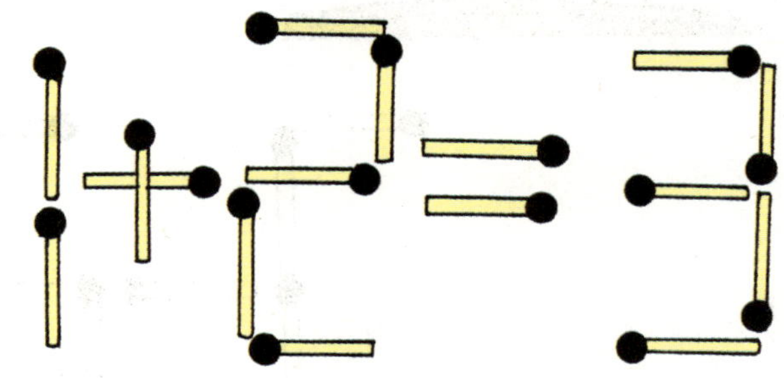

问题

等式成立

请你注意，这个等式是错的。现在让你添加1根火柴，使等式成立。你能办到吗？

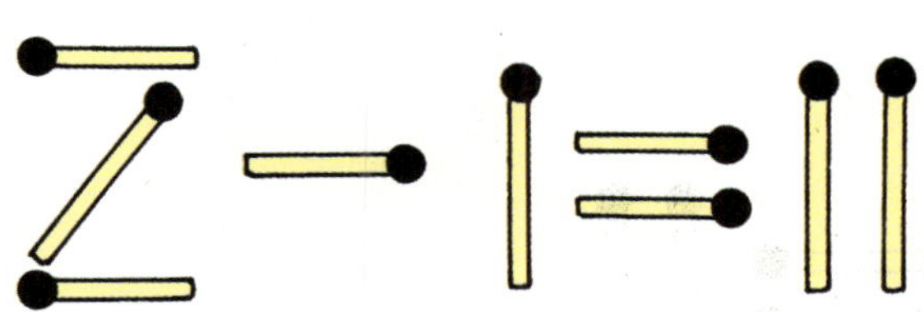

答案

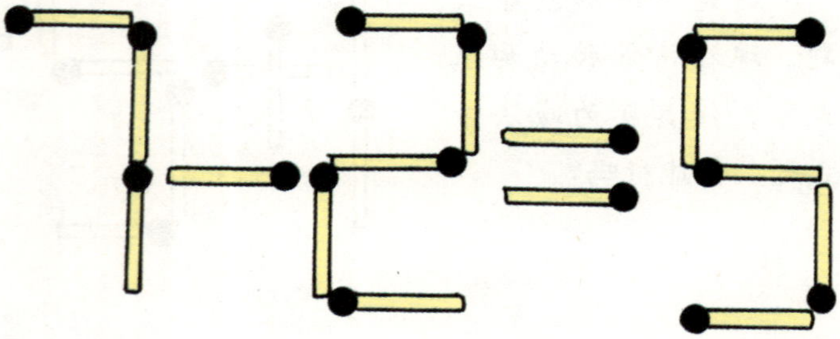

7-2=5

答案

12-1=11

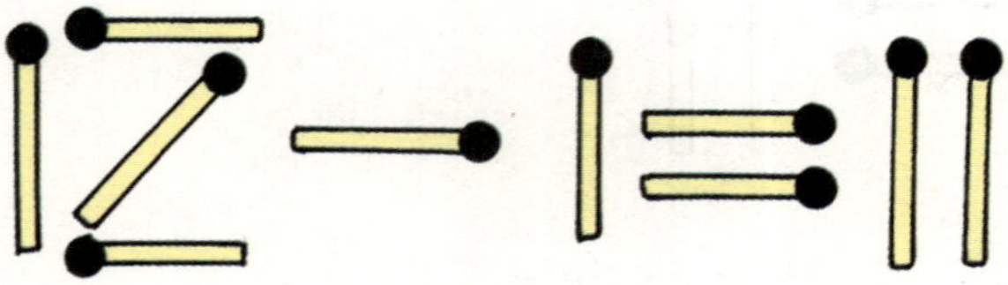

问题

这个减法等式是错误的，现在请你移动 1 根火柴，使等式成立。你能行吗？

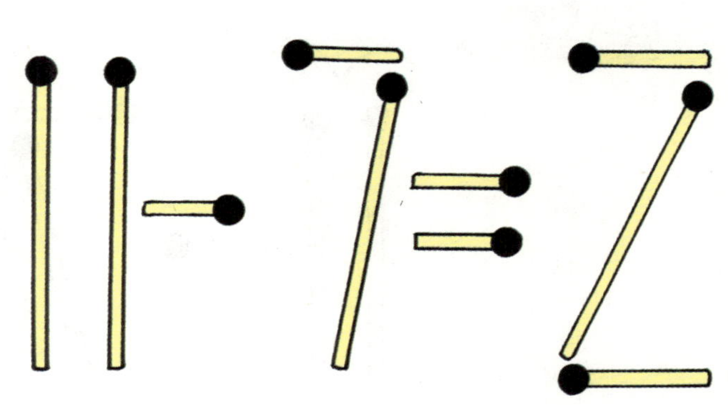

问题

这个等式肯定是错误的，那么，现在让你只移动 1 根火柴，使等式成立。你有办法吗？

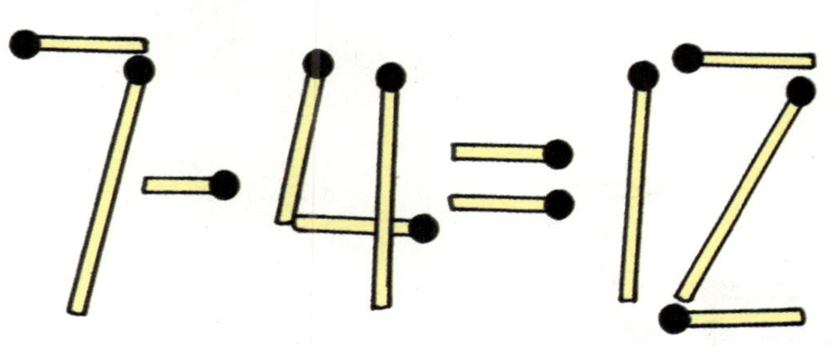

答案

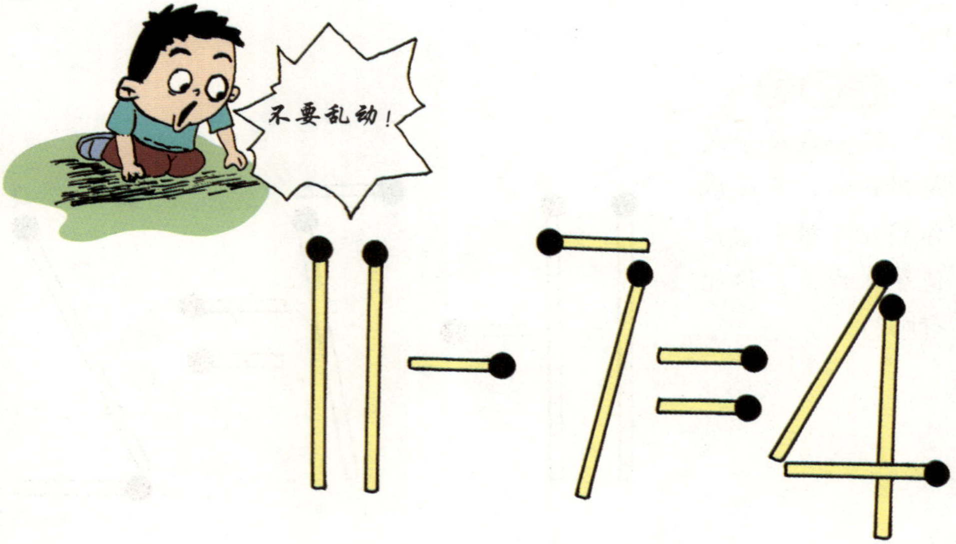

不要乱动！

11-7=4

答案

7-4=3

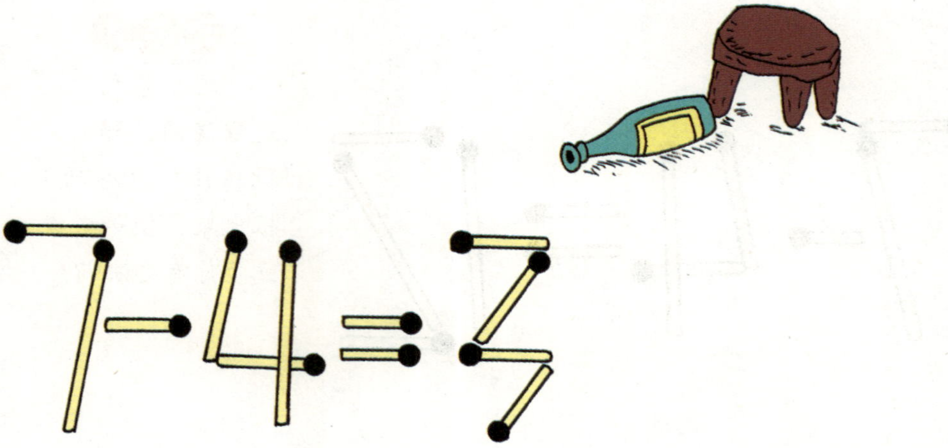

问题

变等式

这个等式一看就是错的，请你移动1根火柴，使等式成立。你能办到吗？

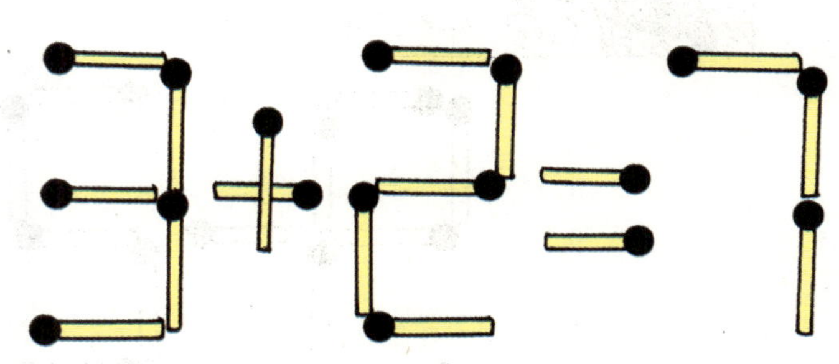

问题

变等式

这个等式确实有点荒谬。请你拿掉两根火柴，使等式成立吧！

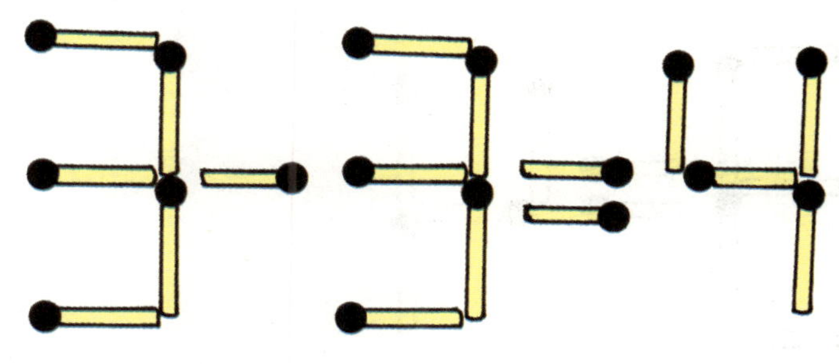

答案

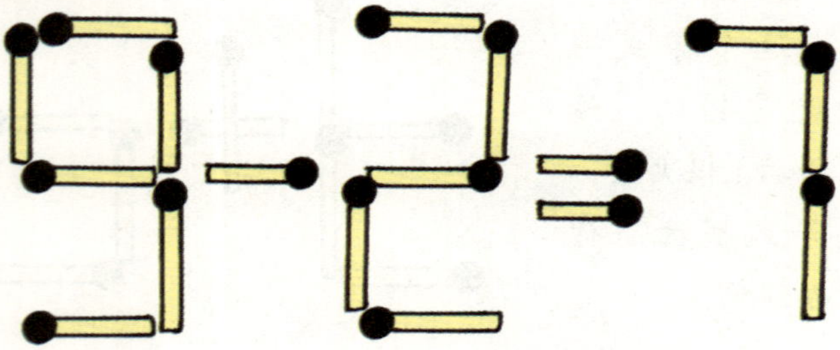

9-2=7

答案

7-3=4

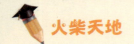

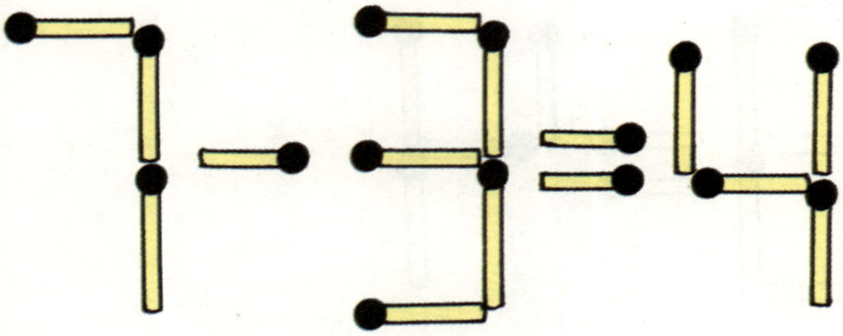

问题

小明的错题

小明真粗心，这是一道错题他也没发现。请你想一想，移动哪一根火柴，才能把这个算式变成等式呢？

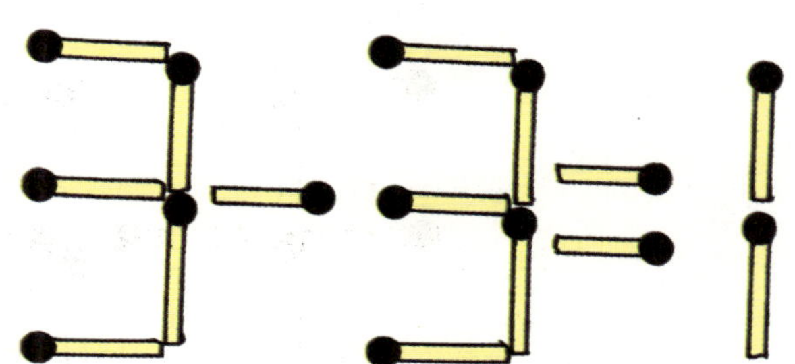

问题

变等式

这个等式是错的，但只要你添上1根火柴，就可以把这个错误的算式变成正确的等式。那么你知道这根火柴应该放在哪儿吗？

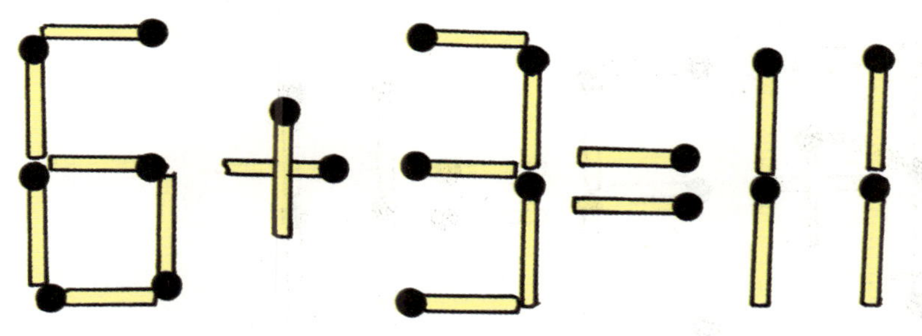

答案

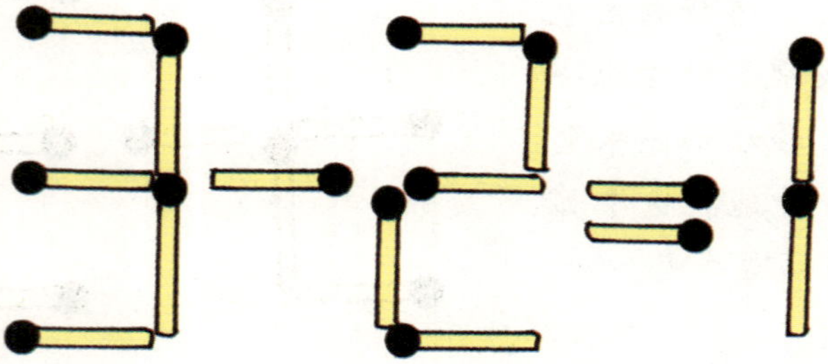

答案

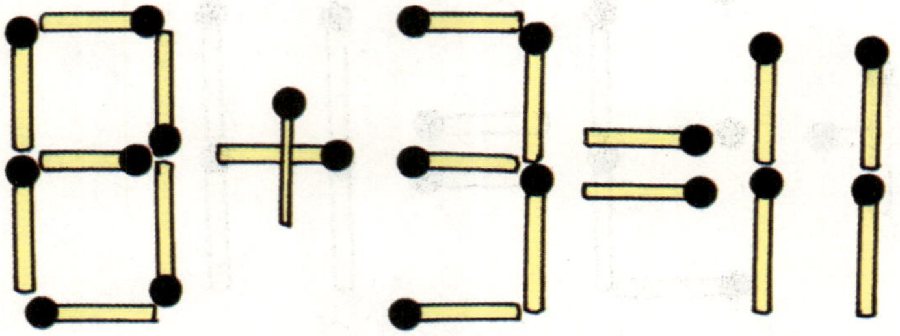

问题

这是一道错题，请你移动1根火柴，使等式成立。怎么移？

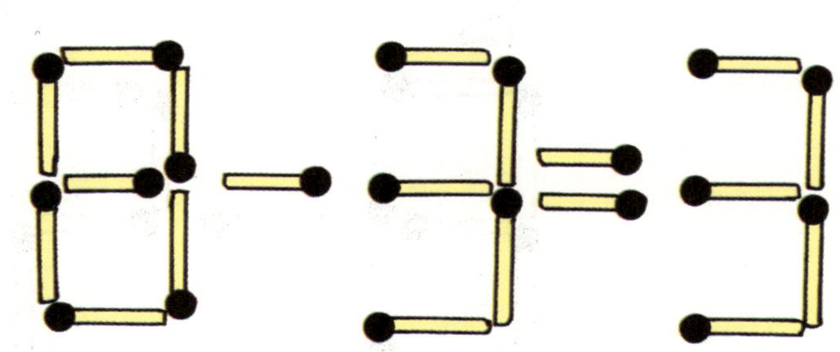

问题

请你拿掉两根火柴，使等式成立。

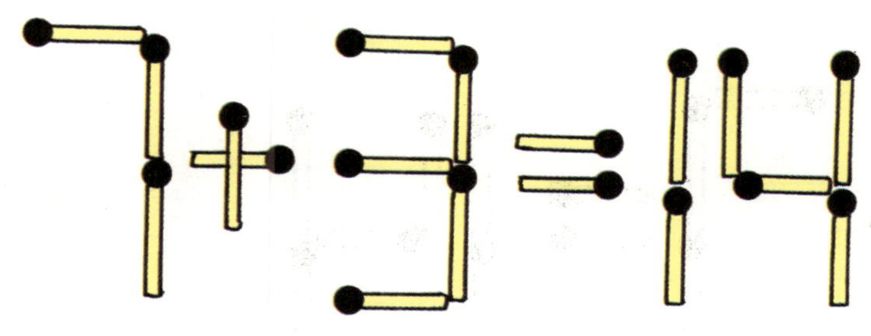

答案

8-5=3

答案

7+7=14

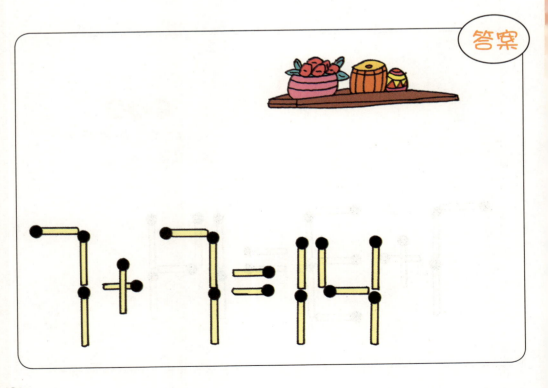

变等式

这道算术题不成立，那么请你看看，移动哪1根火柴才能使算式成立呢？

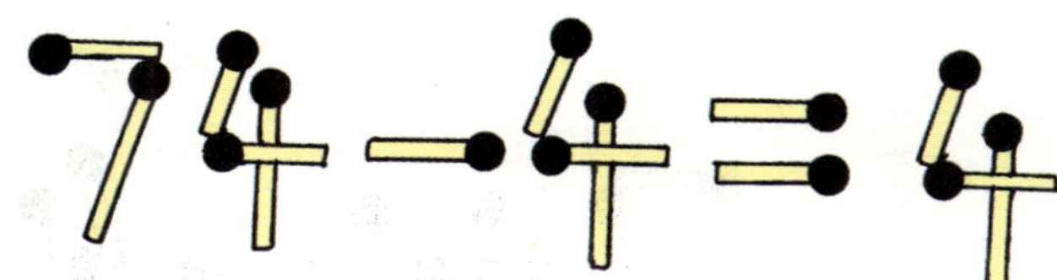

变等式

这道题一看就知道是错的，那么请你移动1根火柴，使等式成立。你能办到吗？

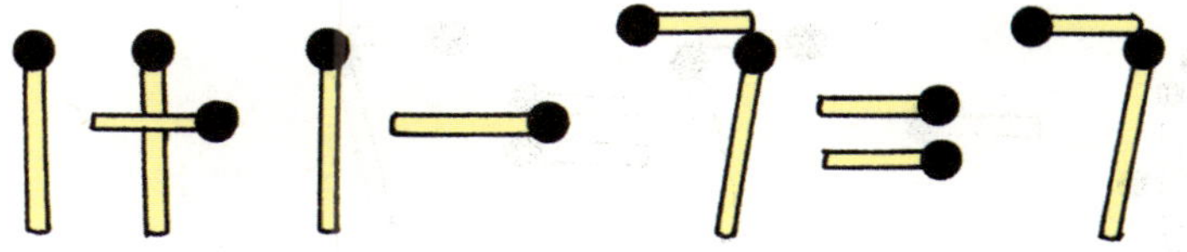

答案

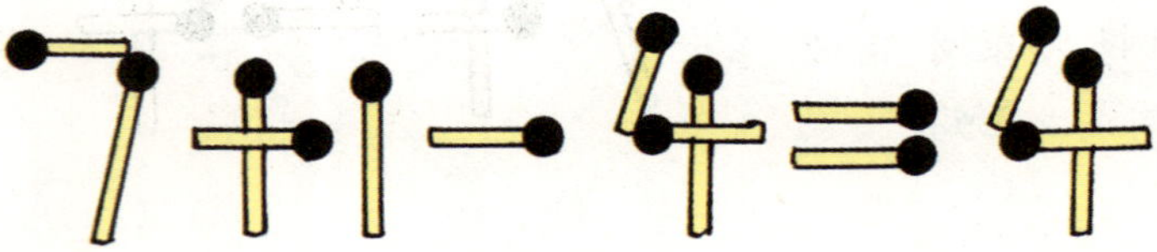

7+1-4=4

答案

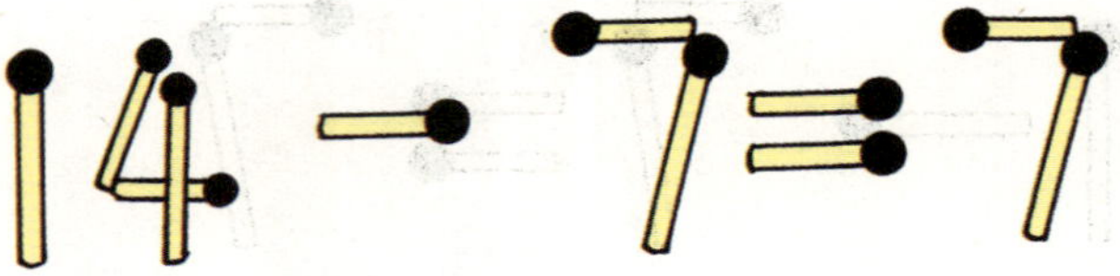

14-7=7

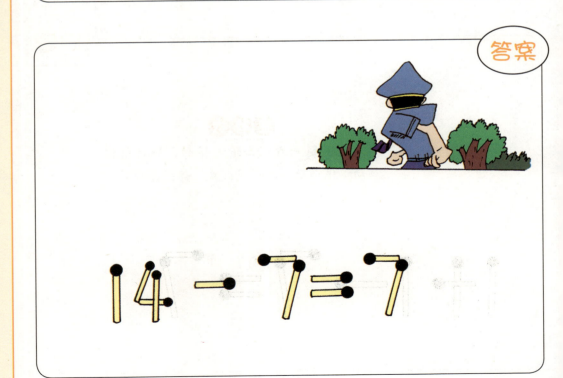

问题

零分题

这道数学题拿到老师那里去肯定会得零分。不过，如果你移动其中1根火柴，你就会得一百分。

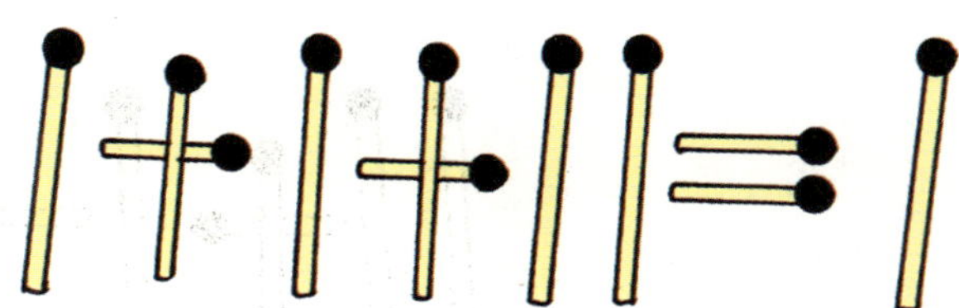

问题

变等式

请你只移动1根火柴，使等式成立。

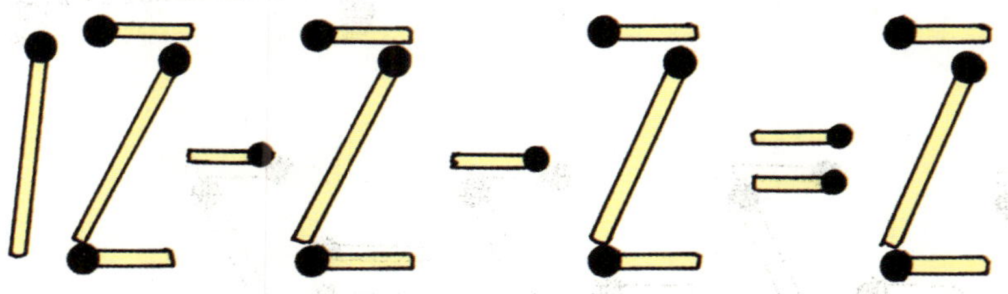

答案

答案

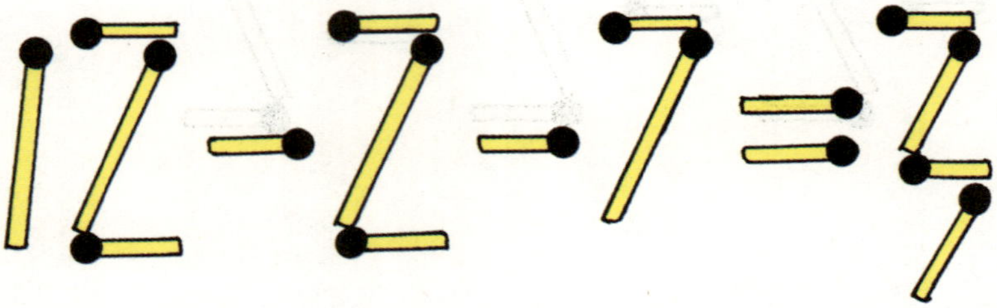

问题

超级难题

这是一道超级难题。要求你只移动 1 根火柴，使等式成立，你能做出来吗？

14+1-1+1=4

问题

小青蛙做错了 1 道题，老师让它重做。要求只移动 1 根火柴。你能帮它把这道题改正过来吗？

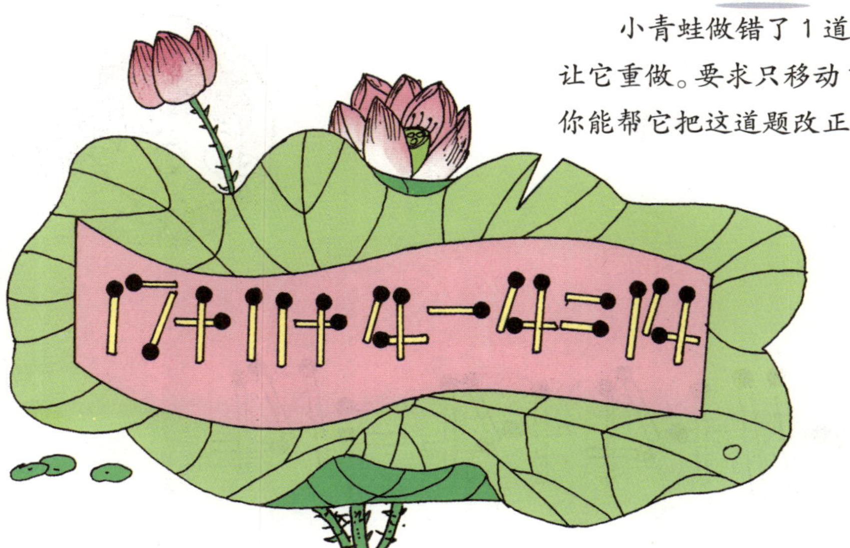

答案

114+1-111=4

答案

17-11+4+4=14

问题

这个等式肯定是错误的，现请你移动1根火柴，使等式成立。

问题

这道题是错的，现在请你只移动1根火柴，使等式成立。你能行吗？

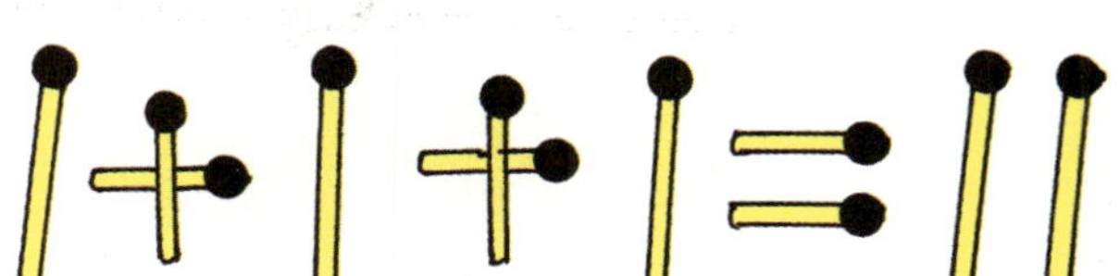

答案

答案

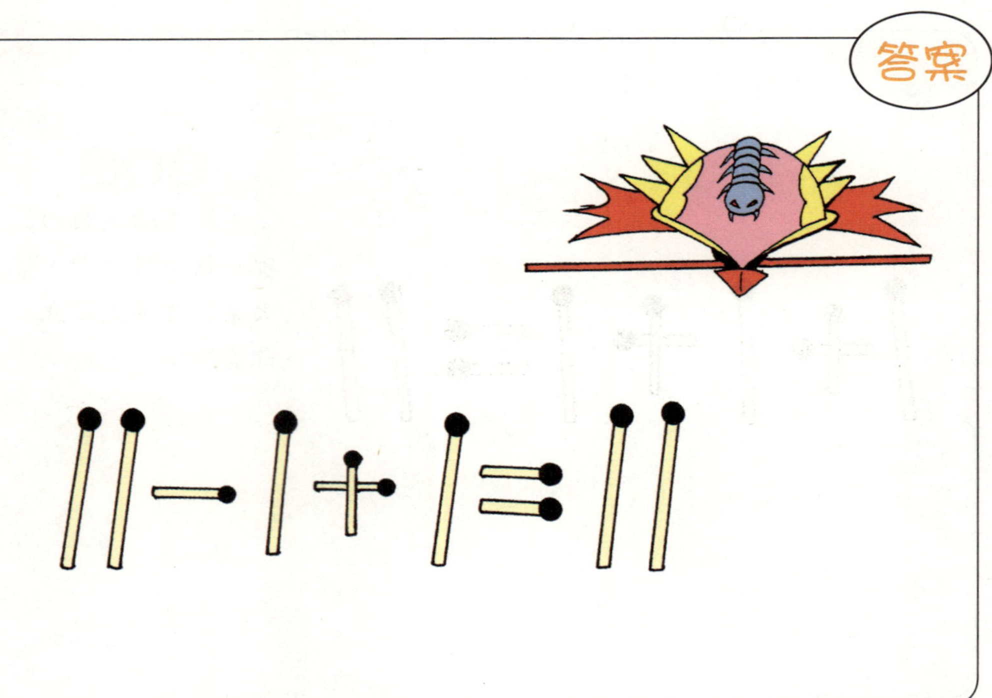

问题

和相等

请你移动1根火柴，使每个横排、竖排上的两个数之和相等。你能行吗？

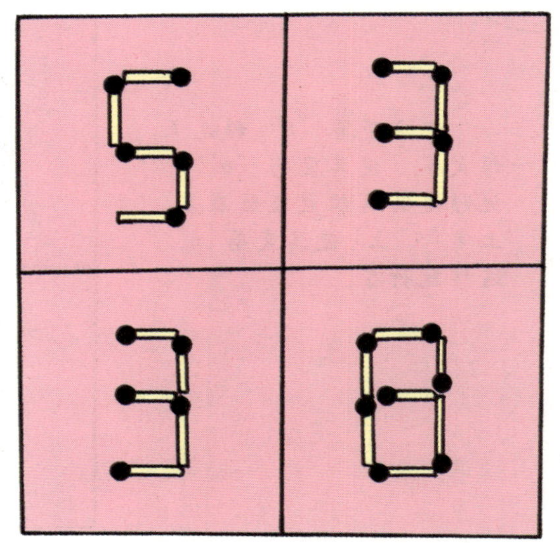

问题

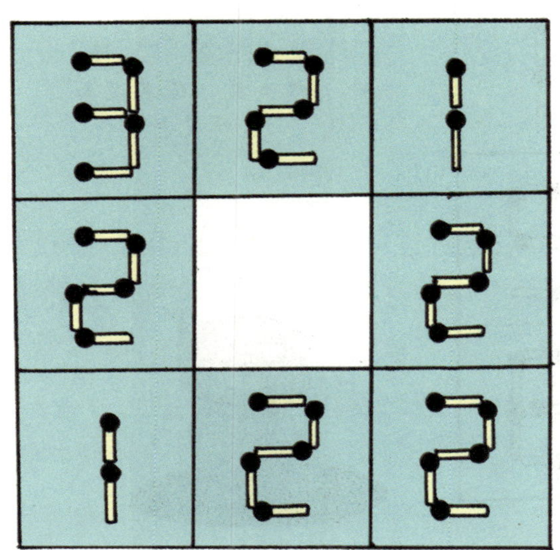

四边之和相等

在图形中，你会发现，4个边上的3个数之和是不相等的。那么，请你移动1根火柴，使4个边上的3个数之和相等。

答案

把右下角"8"移走1根火柴，使其变为"6"；把移走的这根火柴放在左上角"5"上，使其变为"6"，这样就行了。

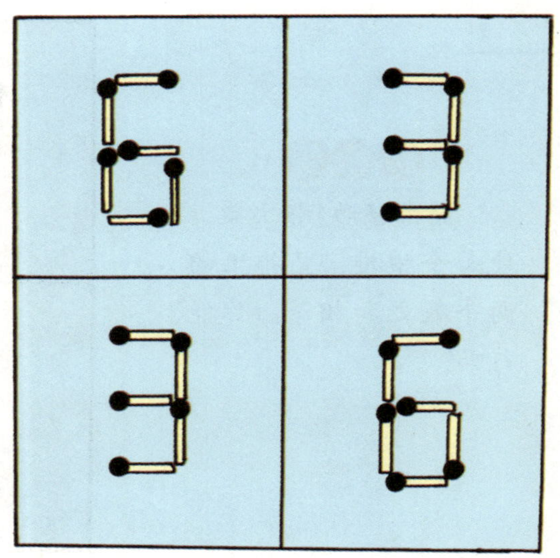

答案

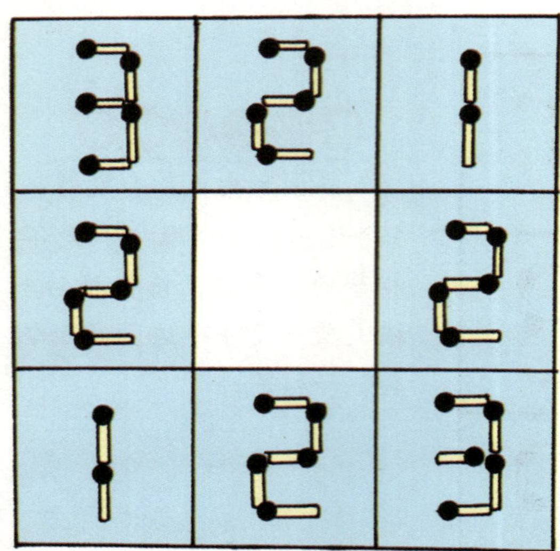

把右下角"2"移动1根火柴，使其变为"3"，这样就行了。

问题

数量相等

右图中每边的火柴数量是不相等的，你能移动其中1根火柴，使它们数量相等吗？

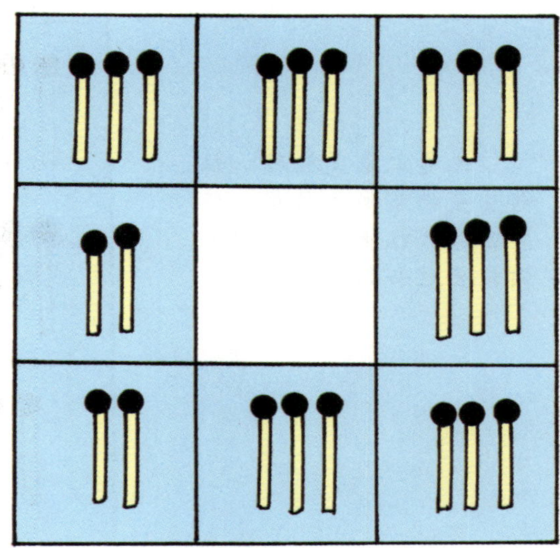

问题

变等式

这个等式是不成立的。你能移动1根火柴，把它变成等式吗？

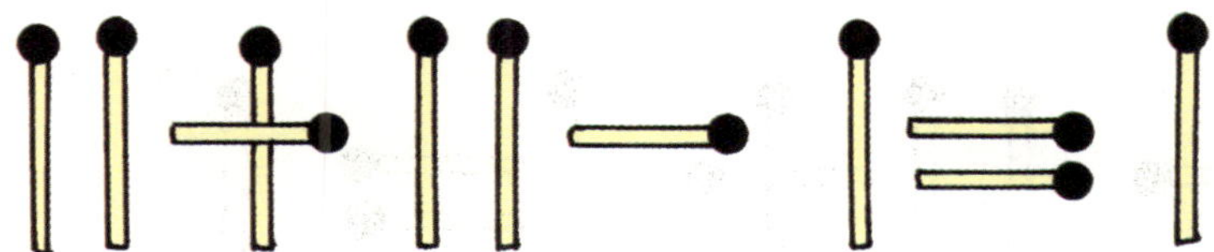

答案

把右上角火柴移1根到左竖排中间一格中，使其变为3根火柴，这样它们横竖之和都为8了。

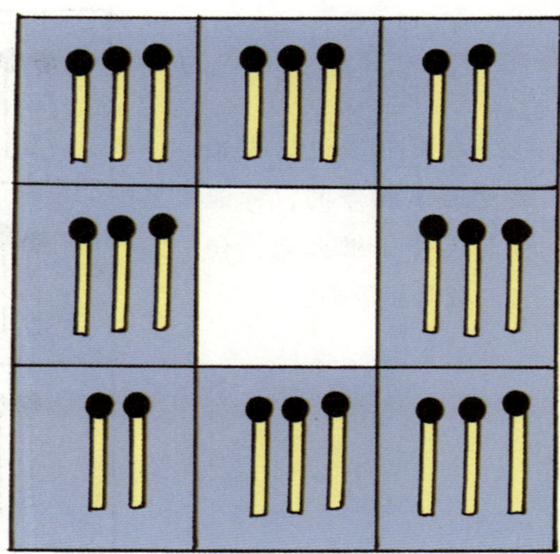

答案

下面的算式是不成立的。你能移动 1 根火柴，把它变成等式吗？

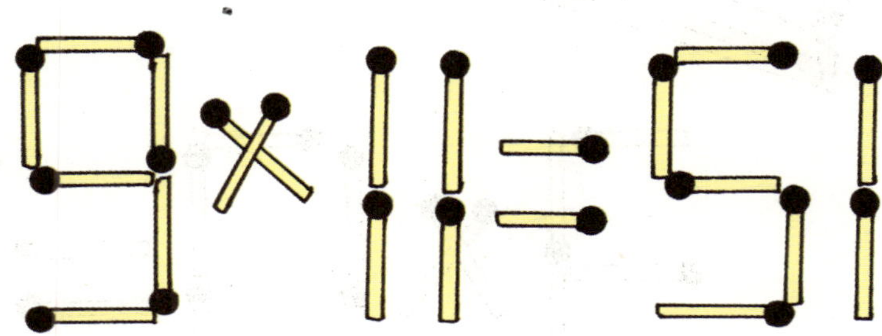

问题

这个等式不成立，请你移动 1 根火柴，使等式成立。你看该移哪 1 根火柴？

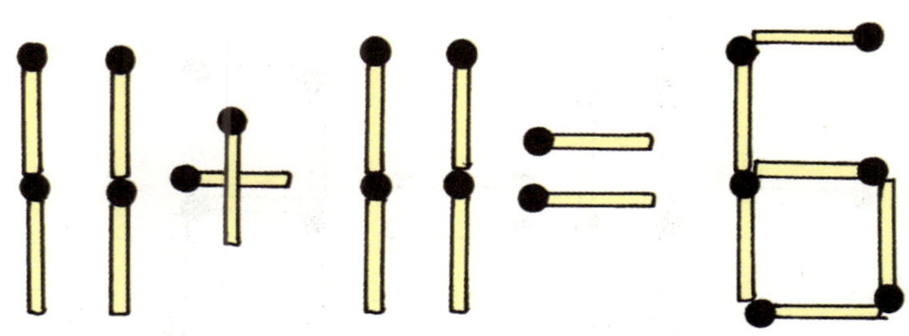

答案

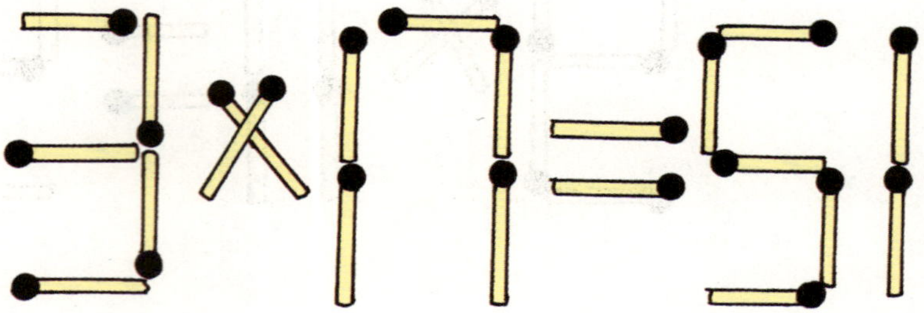

$3 \times 17 = 51$

答案

$17 - 11 = 6$

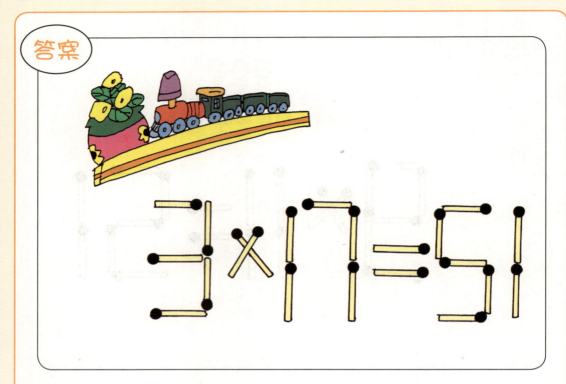

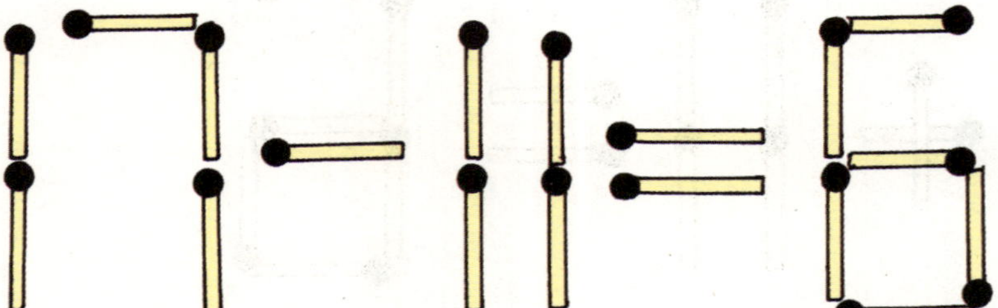

请你移动1根火柴，把下面的算式变成等式。你能行吗？

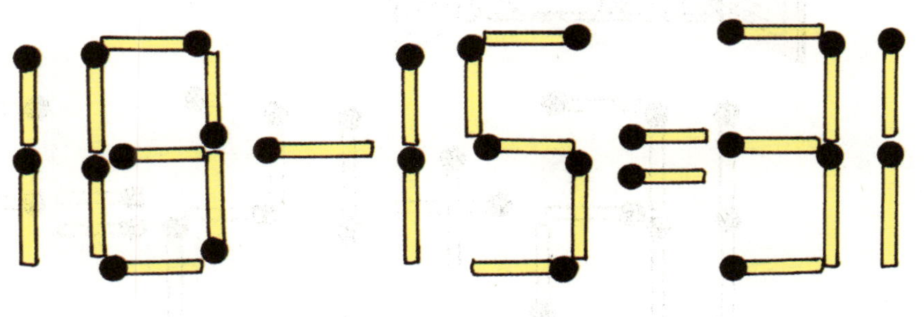

问题

变等式

这个算式不成立，那么请你移动两根火柴，使算式成立。该怎么移呢？

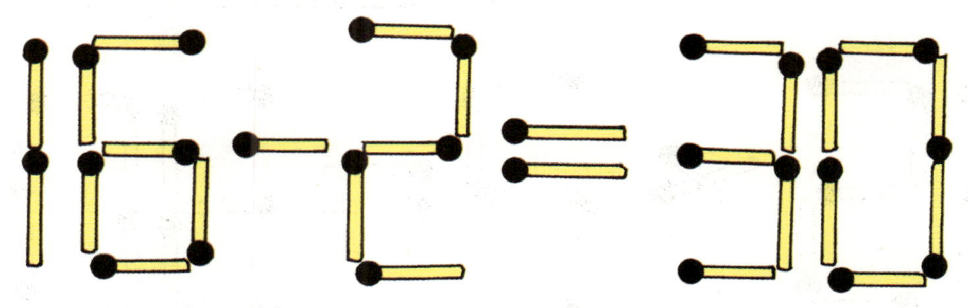

答案

16+15=31

答案

15×2=30

这个算式不成立，请你拿掉两根火柴，使等式成立。

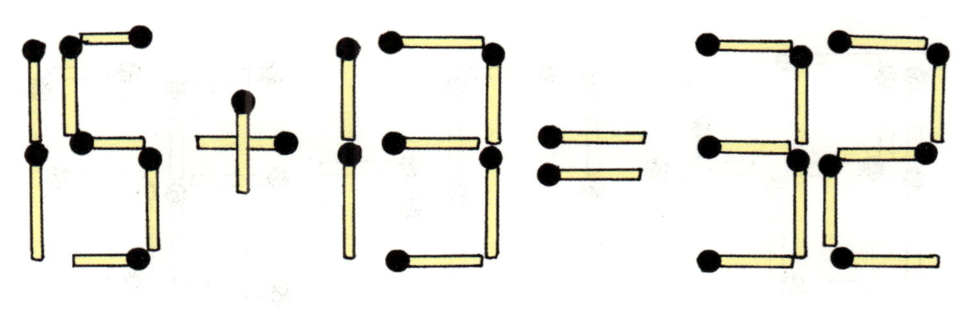

问题

变等式

只要移动两根火柴，就可以把下面算式中的错误改正过来。请你想一想，该移动哪两根火柴？

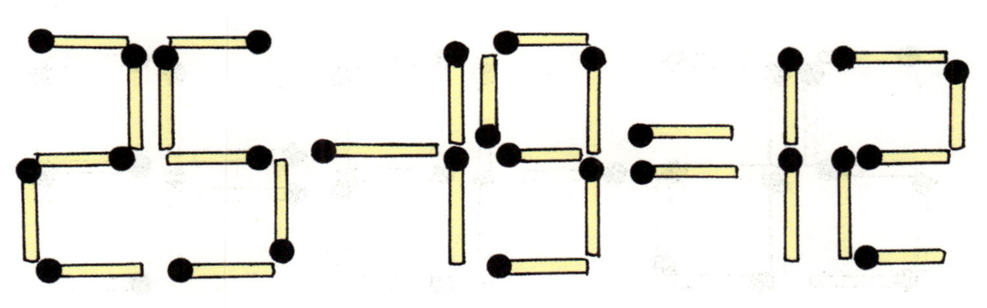

答案

15+17=32

答案

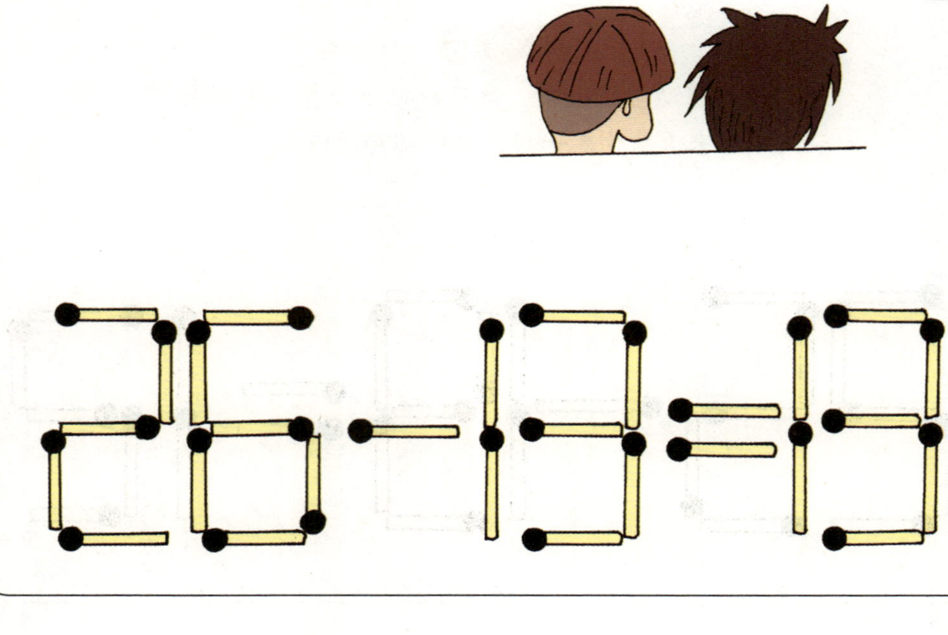

26-13=13

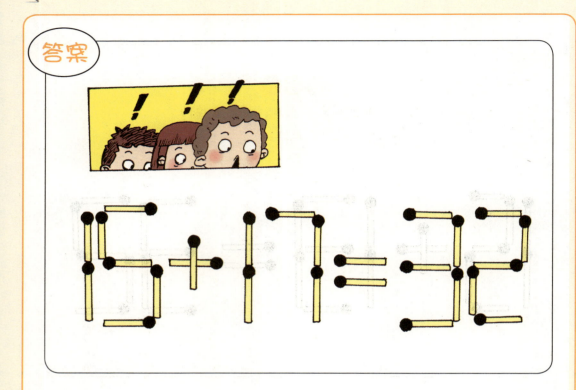

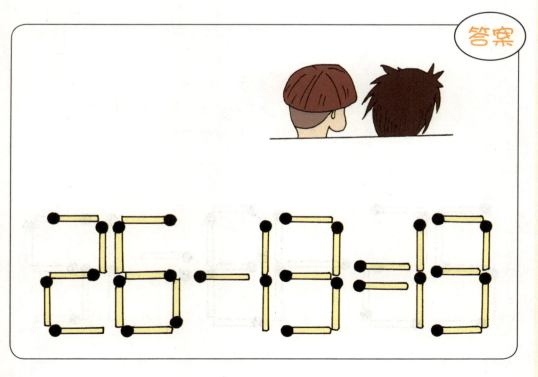

问题

这个格子里有许多数字，现在请你只移动1根火柴，使这个图形中的每行、每列的三个数之和相等。请你想一想，应该移动哪一根？

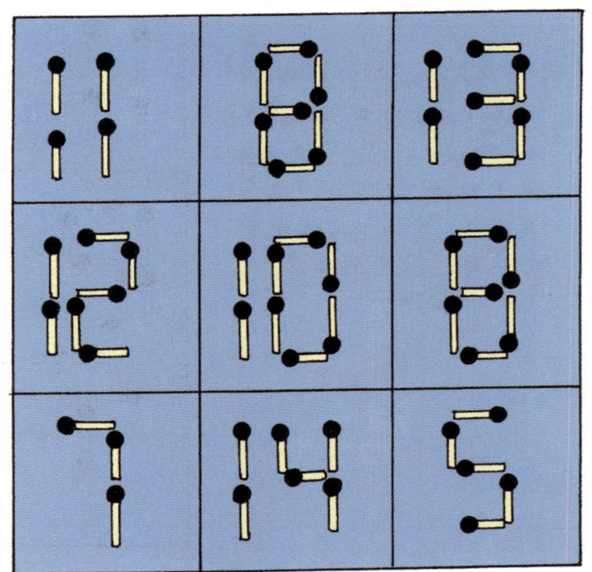

问题

改错题

图中四条边都有一道算式题，不过运算的结果都是错误的。现在请你移动1根火柴，把全部错误都改正过来。你能行吗？

答案

把第一行中的“8”移走1根火柴变为“6”；把这根移走的火柴放在第三行的“5”上，使其变成“9”，这样就能使每行、每列的三个数之和相等。

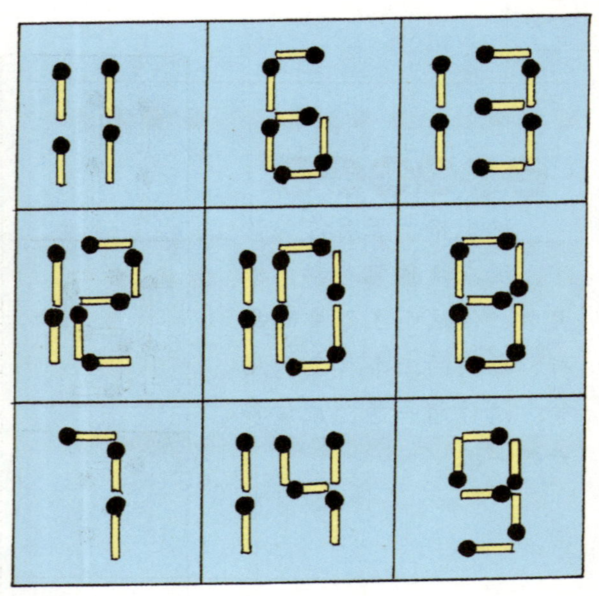

答案

把右上角“8”移走1根火柴，使其变为“9”；把移走的这根火柴加在左下角“5”上，使其变为“6”，这样就行了。

问题

这个等式是错误的，那么，拿掉哪 1 根火柴，才能使这个等式成立呢？

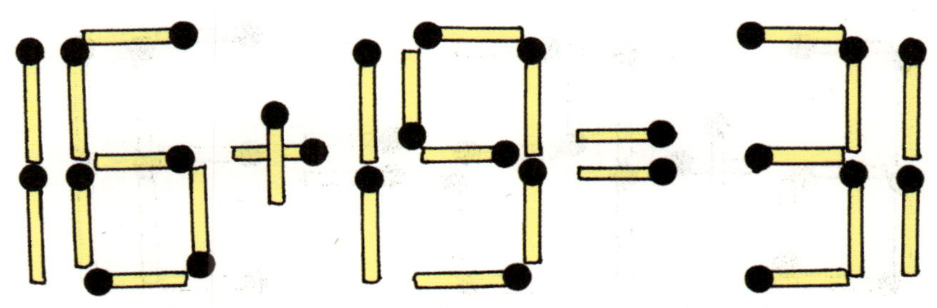

问题

变等式

这个等式不成立。现在请你添上 1 根火柴，把这个不成立的等式变为成立的等式。你能行吗？

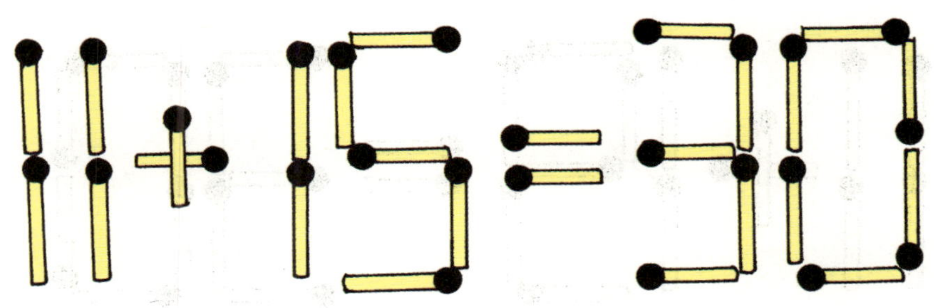

答案

16+15=31

找平衡

这个算式不平衡，请你移动1根火柴，把下面这个算式变成等式。

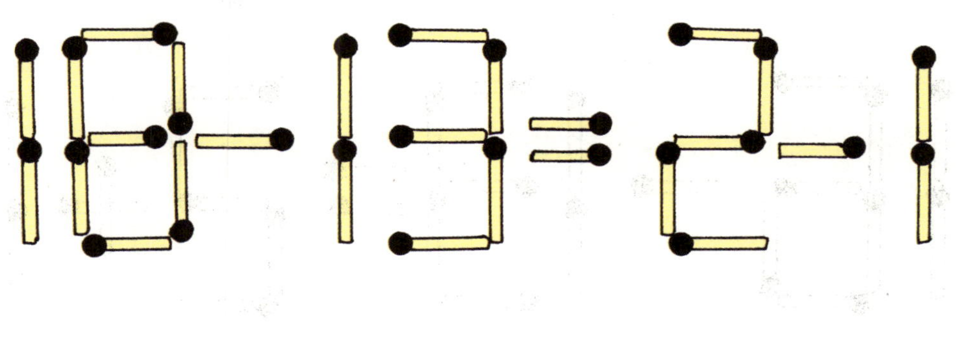

问题

平衡等式

这个题十分可笑，不过只要你移动1根火柴，就能把错误改正过来。快动手试试看！

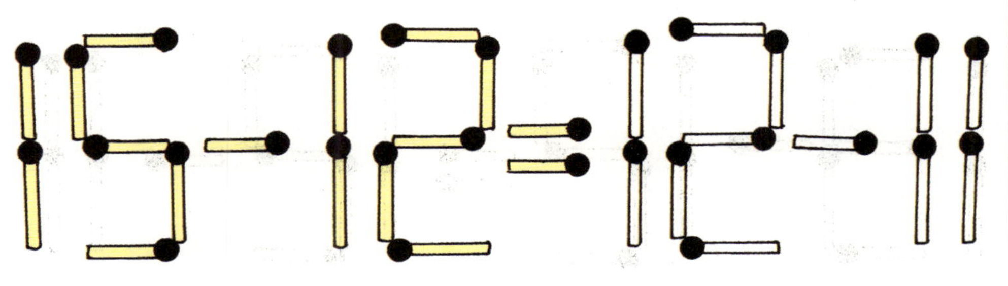

答案

16-13=2+1

答案

13-12=12-11

问题

保持原数

我把 32 根火柴放到图中空格内，每条边有 12 根火柴，如果拿掉 4 根火柴，每条边还能保持有 12 根吗？

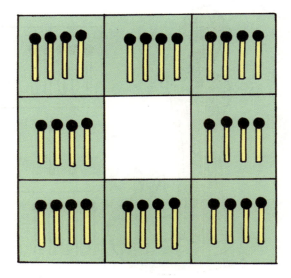

问题

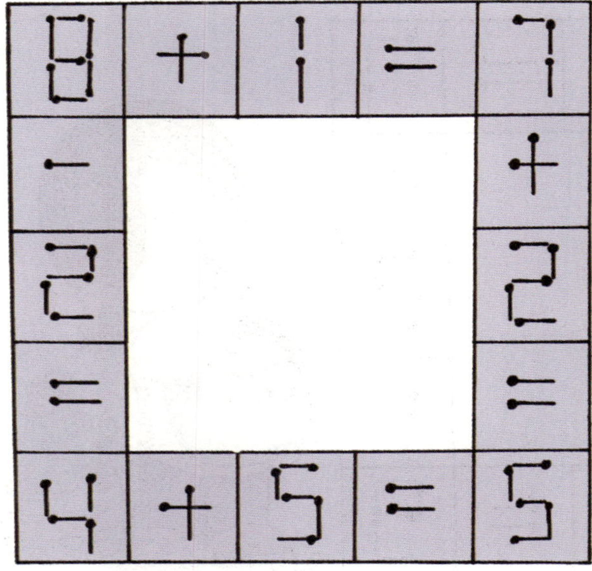

哪一根合适

这些算式都不成立，那么要想使 4 个算式都成立，只需要移动 1 根火柴即可，请问，移动哪一根火柴合适呢？

答案

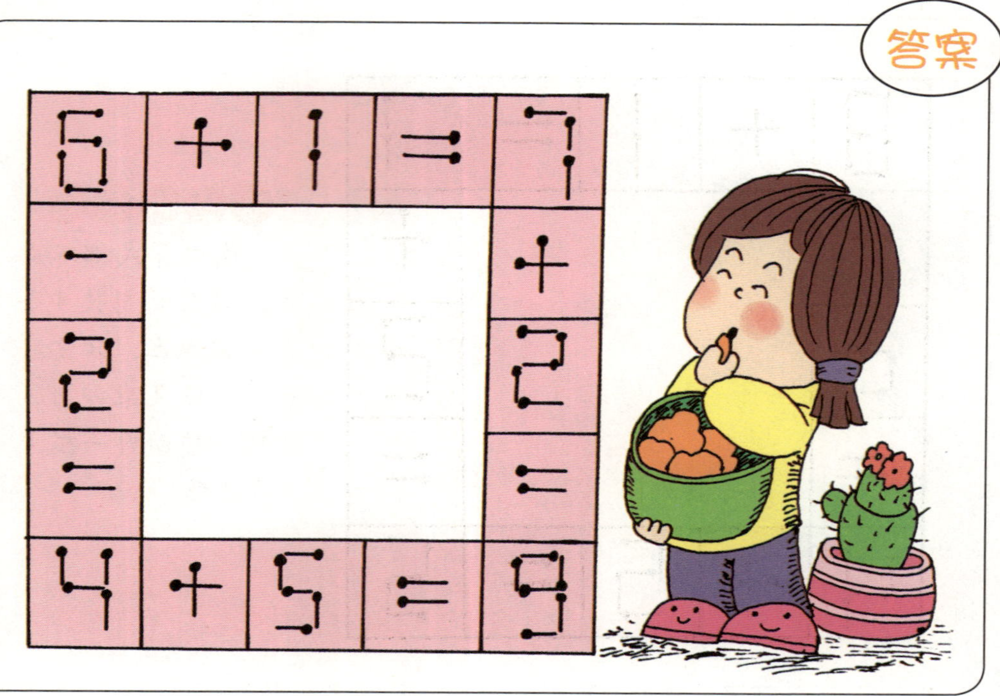

答案
6+1=7
-
2
=
4+5=9
+
2
=

图书在版编目（CIP）数据

火柴天地 / 王维浩编著. -- 长春 : 吉林科学技术出版社，2017.7
（锻炼脑力思维游戏）
ISBN 978-7-5578-1917-0

Ⅰ. ①火… Ⅱ. ①王… Ⅲ. ①智力游戏—少儿读物Ⅳ. ①G898.2

中国版本图书馆CIP数据核字（2017）第052388号

锻炼脑力思维游戏：火柴天地

DUANLIAN NAOLI SIWEI YOUXI：HUOCHAI TIANDI

编　　著　王维浩
编　　委　牛东升　李青凤　王宪名　杨　伟　石玉林　樊淑民
　　　　　张进彬　谢铭超　王　娟　石艳婷　李　军　张　伟
出 版 人　宛　霞
责任编辑　吕东伦　高千卉
封面设计　长春美印图文设计有限公司
制　　版　长春美印图文设计有限公司
插图设计　刘　俏　杨　丹　李　青　高　杰　高　坤
开　　本　710mm×1000mm　1/16
字　　数　100千字
印　　张　10
版　　次　2017年7月第1版
印　　次　2020年12月第3次印刷

出　　版　吉林科学技术出版社
发　　行　吉林科学技术出版社
地　　址　长春市福祉大路5788号出版集团A座
邮　　编　130118
发行部电话／传真　0431－81629529　81629530　81629531
　　　　　　　　　81629532　81629533　81629534
储运部电话　0431－86059116
编辑部电话　0431－81629516
印　　刷　永清县晔盛亚胶印有限公司

书　　号　ISBN 978-7-5578-1917-0-02
定　　价　32.00元